AF447605

Du même auteur :
– *L'Art en feu*, éd. Carnot (2003)
– *Du bagne aux îles Marquises* (2004)

Talma Studios
60, rue Alexandre-Dumas
75011 Paris - France
www.talmastudios.com
contact@talmastudios.com

Photo de couverture : Sandie Picca
Les illustrations et les lettrines de ce livre sont d'Alin Marthouret.
Tous droits réservés.

ISBN : 979-10-96132-02-7

L'ART EN FEU
ALIN MARTHOURET

STUDIOS
TALMA

À Raoul, mon frère...

Arrestation

etit matin. Direction Paris. *Le Printemps.*
Le grand magasin. Seul changement au
programme : je n'ai emporté qu'un calibre,
nous allons procéder en douceur. Il faut que Gilles
saisisse les sacs au moment où la comptable change de
pièce. Il est armé d'une sorte de matraque faite d'un
tuyau de plomb et de mousse. Elle « sonne » comme un
gant de boxe. On l'a testée sur un poivrot à Pigalle.

Nous entrons comme des clients. Les « poulets »,
pour nous avoir filochés, sont étonnés de notre manège.
Notre voiture est à cinquante mètres avant la porte.
Je n'ai pas trouvé meilleure place. Au volant, il y a un
môme courageux. La recommandation est simple : nous
arracher, sinon... il devra filer sans nous.

D'abord, observer la ronde des caissières rapportant
leur « butin ». Dès que l'occasion le permet, nous

pénétrons par le couloir et montons les deux étages. Là, il faut attendre. La matraque est dans un sac plastique. Elle ressemble à un énorme boudin. Si nous étions contrôlés, rien n'apparaîtrait anormal, alors que des flingues... Au moment où la comptable sort, je descends un étage pour contrôler que personne ne passe. J'entends un cri, puis Gilles déboule comme une bombe : il porte les sacs, me jette la matraque. Descente rapide. Des voix hurlent. J'ai mon arme sur les reins, glissée dans la ceinture. Je ne veux pas la sortir. Inutile, l'essentiel est d'arriver jusqu'à la porte. En prenant par le magasin, nous sortirons tout près de la voiture.

La rue, pleine de képis. Je ne comprends rien. La Fiat est partie sans nous... D'un seul homme, demi-tour, rentrer dans *le Printemps*, courir au milieu des gondoles. Derrière moi, un flic, son feu à la main. « Il ne tirera pas, trop de monde », je me dis. Je lui reprends quelques mètres. Gilles est devant. Au détour d'un bac à foulards, je jette mon pistolet. Le flic n'a pu le voir. Je cours, cours, commence à souffrir. Derrière, ça hurle toujours. Nous débouchons à deux enjambées du métro Haussmann. Nous nous engouffrons dans les escaliers. Nous sommes sauvés...

Pas possible ! Les flics sont encore sur nos talons. Je jette la porte à la volée, l'arme du « poulet » tombe. Je vois Gilles traverser et... je sens la morsure d'un revolver sur ma tempe... Terminé. Les coups pleuvent, je tombe. Je ne reprends conscience qu'à l'extérieur. Ils me traînent par les pieds dans les escaliers, ma tête heurte les marches. J'ai mal. Je crie : « Tuez-moi, tuez-moi ! »

Balancé dans le car des flics... « Où est ton copain ?... » Les coups redoublent. Combien de temps ce foutu fourgon va-t-il encore rouler ?

Baluchon de linge sale, menotté, jeté dans une cellule où un inspecteur me fouille. Dans ma veste, une enveloppe, une lettre adressée à mon nom chez Gilles. Les flics se marrent. Leur patron ordonne d'y envoyer du monde. Moi, de toute manière, je suis logé. J'en ressortirai dans cinq ans.

Nécessité

Ma véritable carrière de peintre a commencé par cette arrestation et ces cinq ans « de vacances » à l'ombre, par la chose la plus terrible qui soit pour un artiste : la perte de la liberté.

Dernier descendant des seigneurs du Rhône, je ne pouvais imaginer où m'entraînerait le torrent de la vie. Certes, un père révolté qui croise la bande à Bonnot, condamné au bagne. Toute mon enfance durant, je serai donc le « fils du bagnard », celui que l'on rejette.

Étais-je condamné par avance ? Atavisme ?

Désir de revanche ? Je ne sais pas.

Pourtant, combien de flacons d'encre violette ou de crayons noirs avais-je usés auparavant, combien de bouts de carton, de feuilles à carreaux avais-je gribouillés, moi l'enfant des bords du Rhône ? Moi le petit paysan que j'étais, l'enfant surdoué que je fus – Meilleur ouvrier de

France, Grand prix de Rome, bourse de la Fondation ? Tout cela jeté aux orties il y a trente-deux ans par vénalité, irrespect des autres.

Violence nécessaire ? En tout cas, elle a signé la fin d'une existence qui n'était pas la mienne. Aux mille questions qui m'assaillent, ou que d'autres me posent, je ne peux que répondre : « Je ne sais pas, il fallait que je le fasse. »

Depuis, j'ai pris le temps de m'écouter et de laisser monter, mûrir, ce que j'avais de meilleur en moi. Pour le livrer aujourd'hui.

Je regarde amoureusement *Les Roulottes* de Van Gogh, des roulottes enfermées dans la prison d'un musée. Pour voir souvent cette toile à Orsay, je peux aisément rendre compte de toute la tendresse des regards que suscite cette œuvre-là. Les visiteurs qui passent devant interrompent leur course dans le « temple » de l'Art, comme malgré eux : c'est l'instant où ils sont confrontés au Beau.

Sur ce petit tableau, où les manques laissent apparaître une toile ocre rouge, deux cents coups de pinceaux, pas plus. Et toute la lassitude du vieux canasson est là. L'enfant bohémien seul en train de jouer, deux roulottes comme devant chez moi dans mon enfance. Il fallait cela, cette image de mon passé, pour que je tombe aussitôt amoureux, sans limite.

Contrairement à l'écrasante majorité des toiles de Vincent, je ne me suis jamais senti oppressé par la réalisation de cette copie, pas plus que Van Gogh ne devait l'être lui-même au moment de sa création. Il y a un tel rêve dans ce petit campement de bohémiens qu'en peignant j'ai parcouru cahin-caha le chemin de ces roulottes, j'ai eu souvenance du vannier assis avec ses joncs savoureux, des cuillères de bois façonnées au bord du marchepied... Seul le chien famélique n'est pas sur ma « photographie » intérieure.

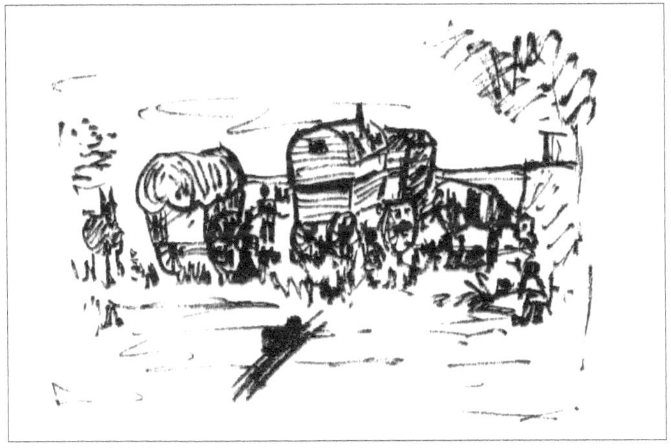

Retrouver une toile de jute avec un gros grain serré... pas d'enduit, une colle de peau suffit pour boucher les interstices. Le dessin est sommaire, puisque la toile n'est exécutée qu'avec quelques poses très fermes de brosses bien lourdes en matière. Je ressens la tendresse des gestes sûrs, grand moment de bonheur, l'émotion en continu... C'est une œuvre de plaisir, un peu comme si au cours d'un voyage, cette image s'était imprimée à jamais tant elle est belle. Remplir le ciel d'un subtil mariage de blanc et vert anglais où, comme par accident, un léger bleu céruleum se dépose. Mes (ses) brosses, peut-être mal nettoyées, vont aussi laisser verdir certains azurs. L'ensemble est rehaussé de carmins et de rouge vermillon. Je termine le bas de la toile avec le reste d'ocre, de blanc et de brun. Quelques noirs pour cerner les animaux, les roulottes... Pendant l'exécution, j'oublie les gestes. Pas de fatigue ni maux de tête, je suis d'un calme et d'une sérénité étonnants.

Je ne sais plus d'où vient ce tableau, je n'ai pu mémoriser son histoire. Non que la chose fût plus ardue que pour les autres. C'est simplement parce que je n'ai croisé dans *Les Roulottes* que le Vincent incontrôlable de l'émotion, de l'instinct. Le Vincent rare du bonheur.

Parce que Van Gogh souffre.

Tu souffres, je le sens, je le sais.

À chacune de mes approches, tu me fais ressentir plus fortement encore la décision d'en finir, d'une ultime signature sanglante... Mais je parviens à revivre pour attendre demain, sachant que, chaque fois que je prends tes pinceaux, tes couleurs et ta peau, tu demeures en moi un peu plus encore.

J'entreprends *Les Champs de blé au cyprès*, tourment d'un ciel aussi étrange que ton cerveau, courbes douces des blés, cet arbre qui viole les cieux et, planté dans ce cadre, devient une bougie.

Bonjour, M. Van Gogh... ma terreur, ma passion ! Je veux, je vais (me laisseras-tu faire une fois encore ?) devenir toi !

Mon Vincent... ma douleur décuple lorsque je deviens toi. Ton mal de respirer, ton désir d'être beau dans une œuvre que tu sais sublime, forcément. *Je voudrais dire quelque chose de consolant comme une musique, peindre des hommes et des femmes avec quelque chose d'éternel*, écrivais-tu à Théo, ton frère.

Je regarde Van Gogh, je regarde sous les coups de brosse, sous cette peinture épaisse, pour voir ta main, ton bras... l'homme, son front plissé, ses yeux brûlants, sa respiration qui se raréfie, se perd dans la concentration du geste unique, le seul vrai... Son âme déjà décidée à sa propre mort. J'y suis prêt aussi.

J'ai posé mes couleurs en petits tas comme une pâtisserie, ma palette fait envie ; ai-je bien mis là où il le fallait et en quantité suffisante ? Je n'aurai pas le droit de remettre quoi que ce soit, il faudra faire cette toile avec, puisque j'ai décidé d'en incarner l'auteur. J'ai cette palette et trois heures de sauvage inconscience.

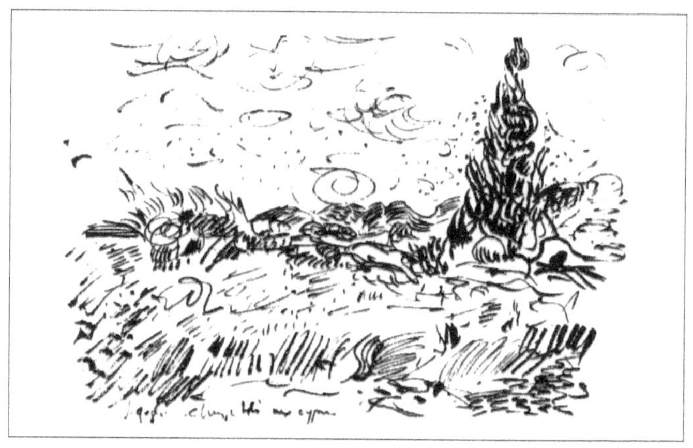

Par où as-tu commencé ? Ah voilà... C'est ici, l'attaque, le début du combat d'amour.

Doucement monte en moi la concentration d'un départ de course. J'ai couru des rallyes autrefois, et je lis sur la toile les notes du circuit, les virages à ne pas rater, la vitesse nécessaire, le tempo indispensable, le repos de la machine : je me sens pilote dans une épreuve semée d'embûches.

Dès les premières secondes, je suis sur la bonne piste, je vois le geste qui va succéder à celui que je suis en train d'exécuter, j'anticipe sans réflexion, mon souffle s'amenuise, je m'entends siffler, vider mes poumons. J'oublie de les remplir, mon corps ne pense plus, ma tête n'est plus l'organe qui décide. Doucement, inexorablement, Alin sécrète l'adrénaline de Vincent. Je descends doucement dans cet univers, ressentant ce besoin de me détruire comme il le fit lui, consciemment, oubliant de vivre pour peindre, véritable descente aux enfers de sa conscience, voyage au bout de son travail. Il a pris ma place, c'est lui qui m'anime.

La toile résonne comme une peau tendue sur un tambour, le geste devient plus fort, plus puissant. Les pinceaux s'oublient, restent coincés entre les doigts de ma main gauche comme le squelette d'un éventail. J'étire les petits tas de la palette pour mieux saisir la matière. Je ne réfléchis plus, je fais, je suis. Ma respiration, de plus en plus sifflante, scande le parcours de l'œuvre. Les premières douleurs cérébrales arrivent, mal derrière la nuque... Mal au coude, aussi. Et aux doigts. Il faut continuer, cette souffrance témoigne que je suis sur la voie de la vérité, c'est elle qui va authentifier l'œuvre. Les couleurs, les masses, les traits, tout est là pour conforter mes choix. C'est à peine si je respire, moins que cela et je meurs. Il meurt.

Sinueux, il ose, il fait de moi son ami et je ne veux pas le trahir... Derniers points de couleur. Vermillon. Je termine sa palette, les ocres seront plus formés, il ne me reste presque plus de peinture, comme toi, mon Van Gogh... Comme toi, je vais m'effondrer ensuite avec ma douleur, ma fatigue, m'abîmer dans un océan d'inconscience... Mais comme toi, je suis heureux, j'ai fait et j'ai été toi et ton tableau. Regards sur ton œuvre que je viens de finir. Tu es partout, dans chaque mouvement, chaque nuance.

Cette copie est de toi.

Inconnue

e génie de Van Gogh, c'est cette certitude de peindre ce que personne n'a osé, de vivre comme personne, d'aller où nul ne l'aurait pu, sans, comme lui, en mourir.

Il a subi sans doute l'une des guerres les plus tenaces de la part de « l'impuissance critique », des marchands castrateurs de création. Un terrible combat, ne céder sur rien, au point de renoncer à tout.

Ton geste n'est « que » pure invention, mais, certes, jamais le fruit du hasard. Cet inconscient maîtrisé, transcendé, qui fait du simple mouvement une amplitude créatrice, il faut que le copiste le ressente intimement pour le retrouver.

Pis que la toile, la page blanche est une inconnue qu'il faut affronter... Comment expliquer qu'il n'est pas possible de calculer, de « connaître » ? Est-il possible d'*écrire* ce cheminement ? Car c'est un tout, une masse indissociable qui permet à l'œil d'analyser, d'ordonner et de transmettre sans erreur tant la couleur que le geste, tant la matière que sa surface. C'est alors que, devant l'œuvre, l'émotion submerge... Celle du copiste, celle du public.

Si, dans l'amour, le plus beau est peut-être le discours qui précède, il en va de même pour le copiste. Étrange descente à l'intérieur d'une toile. On cherche à la toucher sans en avoir l'air, à puiser dans son odeur le courage d'aller plus loin à l'intérieur de l'artiste, prendre possession de lui... le comédien joue un rôle, le musicien interprète une partition, j'incarne le peintre : respiration, gestes, poses, désirs, besoins... Je peux peindre tous les chefs d'œuvre de l'histoire, je suis le caméléon stakhanoviste de la peinture...

Suis-je un voleur d'âmes ?

Je me pose souvent la question lorsque, pinceaux en main, je m'immisce dans les voyages intérieurs de Modigliani, de Gauguin ou de Van Gogh. Je pense alors à tous ceux qui m'ont précédé.

L'histoire de l'Art, faite trop souvent par les marchands, voudrait que l'on oublie le rôle énorme que tenait dans les musées, dès la fin du XVIIIe siècle, la copie. Ils étaient alors, rien qu'en France, plus de mille à exercer leur art. À partir de 1855, c'est même une activité qui a pignon sur rue. *La Chronique des arts* de l'époque estime que le revenu annuel d'un bon copiste est compris entre 800 et 1 500 francs, chiffre considérable pour l'époque. Début XIXe, le Louvre devient, pour les copistes, une usine plus qu'un atelier. Combien d'œuvres reproduites ? Mille « ouvriers », vingt toiles par an pour chacun : vingt mille tableaux de grands maîtres dans l'année, et cela a duré dix ans au moins ! Fra Angelico, Botticelli, Raphaël, Le Titien, Géricault... Il y a aussi les exercices de style : ces copistes réalisaient aussi des toiles « à la façon d'Untel » ; elles se retrouvaient rapidement « attribuées à Untel » puis, par la grâce des conservateurs, elles étaient (et sont toujours) estampillées « d'Untel ».

Que sont devenus tous ces tableaux, deux cent mille, plus peut-être ? Combien aujourd'hui se retrouvent accrochés aux cimaises des musées, officiellement authentiques ? Éh oui... En somme, pas loin de la moitié des œuvres classiques présentées dans le monde sont fausses, ou « attribuées »... Si encore seule l'œuvre classique était concernée, mais...

Devenir faussaire...

'ai vingt ans. Je suis doué, paraît-il. Trop, peut-être... Je croise quelques-uns des « Lyonnais ». Ils sont propriétaires d'établissements de nuit, ils ont de l'argent et leurs propositions ne sont guère masquées : « Saurais-tu faire des toiles fauvistes, impressionnistes, post-impressionnistes ? Nous te fournirons tout ce dont tu auras besoin... » Ainsi démarre une carrière de... marginal.

À ce moment, je n'ai aucune idée de la manière dont mes commanditaires vont procéder pour vendre ce que je produis. J'ignore alors à quel point le circuit est férocement structuré. Il me faudra quelques mois pour comprendre. En quelques sorties nocturnes et bien accompagnées, mes « employeurs » me font découvrir le gotha de l'art marchand. Premier contact : Petrides et ses faux Utrillo. Puis Alain, qui habite à côté de chez moi. Il possède une telle collection qu'y introduire une dizaine de faux ne se remarquera pas. D'autant qu'à l'époque, pour ne pas faire d'envieux, il clame haut et fort que ses toiles sont des copies.

Mais à tout seigneur, tout honneur : c'est Fernand Legros qui joue alors le rôle majeur dans un marché où le passe-temps favori consistait à s'escroquer mutuellement. Moi, jeune coq, je parade au milieu d'un petit monde trop aveuglé par sa mégalomanie pour comprendre que ce qu'il ne nous donne pas, nous le lui volons. En général, je peins deux faux, aussi méticuleusement l'un que l'autre. Le premier est « authentifié », tandis que le second, copie conforme du premier faux, est écoulé par une filière parallèle, moins regardante. Chaque acheteur s'imagine avoir blousé l'autre acquéreur de la même œuvre.

Pendant cette période, je n'entends jamais parler de beauté, d'esthétique ou d'amour de l'art... Non, seulement argent, monnaie et placement. Des situations et un discours qui ont l'avantage toutefois de me rassurer, de m'ôter mes complexes de petit paysan. Et de faire taire mes remords, aussi : les familles de ces grands peintres font pire que moi. Car, pour que les toiles soient authentifiées, encore faut-il quelqu'un...

Fernand Legros a pour cela, il faut le reconnaître, des méthodes particulièrement efficaces. Par exemple, je ne sais pas combien de toiles d'Albert Marquet j'ai réalisées pour lui. Non pas des copies, mais des « originaux ». Il faut dire que j'entre à ce point dans l'univers de Marquet qu'une fois le tableau « à la manière de » terminé, il m'arrive de rechercher dans le catalogue pour vérifier si, inconsciemment, je n'ai pas reproduit une œuvre que j'y aurais mémorisée. Fernand apporte les tableaux à la veuve du peintre... et troque avec elle : elle authentifie et conserve une partie des copies pour son patrimoine, il écoule sur le marché, ils partagent...

André Derain aussi fut à la fête. Sa fille était perpétuellement en conflit avec sa mère, aucune ne sut jamais combien l'aubaine était bonne pour Fernand : elles produisaient l'une et l'autre des certificats d'authenticité.

Lucie Valore, veuve d'Utrillo et peintre également, ne rechignait pas à parapher des certificats pour des « Utrillo » contre l'acquisition de quelques « Valore », contribuant à faire monter sa propre cote. Les filles de Maurice de Vlaminck étaient, elles, toujours à courir après l'argent pour les réparations de leur maison de campagne. Combien de signatures, au bas de « toiles retrouvées du maître », Fernand leur a-t-il fait cautionner ? Je possède encore aujourd'hui l'un de mes doublons exécutés à cette époque, signé Vlaminck.

Poule aux œufs d'or pour les veuves, les maîtresses et tout le petit univers des ayants droit : ils jouent la meute de loups dans la forêt du marché de l'Art, occupés à traquer les « petits chefs d'œuvre rouges ». Pendant la période Legros, qui dura pour moi jusqu'en 1970 environ, les documents d'authentification arrivaient souvent avant même la réalisation de l'œuvre, tant tout ce beau monde était pressé.

Les ayants droit, bénéficiaires du droit moral (qui en manquent singulièrement, de morale) n'ont pas, comme les experts, de tampon. Ni, comme les galeristes, de livres de police. Plus tard, si les circonstances l'exigent, il leur est facile de déclarer que leur écriture, ou leur signature, a été contrefaite... à moins qu'elle ne soit certifiée devant notaire, comme le faisait Fernand pour madame veuve Derain. À légaliste, légaliste et demi.

Fernand... Si je n'aimais guère le personnage – un mythomane ayant la folie des grandeurs – je devais lui reconnaître d'avoir créé, pour le Milieu d'alors, un débouché vers les États-Unis moins risqué, plus juteux et moralement plus satisfaisant que celui de la drogue. Une quantité industrielle de toiles fut écoulée outre-Atlantique.

Une bonne partie par la combine, plus complexe qu'il n'y paraît, dite « du repeint ». On peint par exemple une *Vue de Collioure*, de Derain... Je ne choisis pas Derain par hasard : il y a assez de toiles de lui aux États-Unis pour occuper trois vies de ce peintre ! Il en va de même pour Dufy, Marquet, Vlaminck, Gauguin, Modigliani... Qui oserait dire combien il existe de ces toiles « américaines » ?

Bref. Que l'on modifie la palette de cette *Vue de Collioure* (la mer plus mauve, les toits plus ocres...) ou bien que, par des touches supplémentaires, l'on surcharge tout ou partie d'une copie à l'identique, l'important est que le tableau ne soit pas authentifié lorsqu'il arrive en douane : l'objectif est d'échapper au droit de préemption que peut exercer l'État sur les œuvres originales qui quittent le territoire. Le destinataire « découvre » (ô surprise !) que son modeste achat une fois passé l'Atlantique, cache beaucoup mieux. Il fait d'abord l'acquisition, auprès des avocats des ayants droit de Derain, d'un « certificat de repeint ». Ils attestent que ce tableau, s'il n'appartient pas officiellement au catalogue raisonné de l'artiste, est peut-être un essai qu'il a lui-même rejeté, ou « repeint ». Ce n'est pas un Derain, mais ça pourrait l'être. Les prix pour un tel certificat pouvaient atteindre jusqu'à un million de francs de l'époque...

Un expert passe alors « voir » le tableau, sur la foi de ce certificat. Si l'on a ajouté des touches de couleur à une copie originale, il fait laver la toile de ces rajouts et l'authentifie comme étant « l'une » des *Vue de Collioure.* Si l'on a modifié la palette, il l'authentifie comme étant « l'une » des *Vue de Collioure...* Une autre vision du maître sur le même sujet qui se sera perdue. Dans l'un et l'autre cas, l'expert se tourne à nouveau vers les ayants droit et demande un certificat d'authenticité. Qu'il obtient, bien entendu... Le tableau fait maintenant partie du catalogue raisonné ! Voilà un nouveau Derain prêt à trouver acquéreur, lequel est doublement rassuré par l'avis de l'expert, l'aval des descendants et non pas un, mais deux certificats... Quoi de mieux que l'honnêteté poussée au paroxysme ?

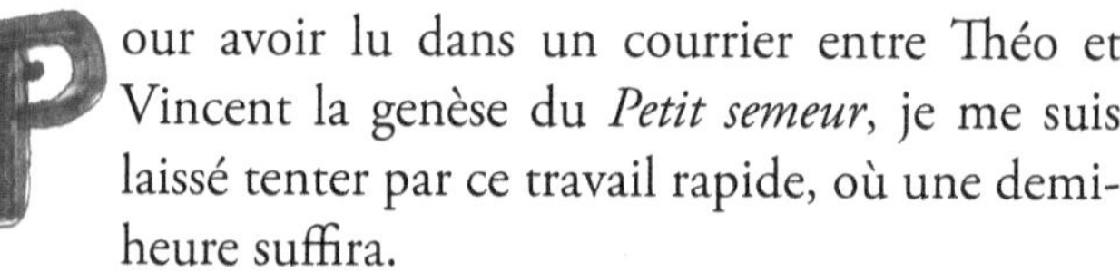

our avoir lu dans un courrier entre Théo et Vincent la genèse du *Petit semeur*, je me suis laissé tenter par ce travail rapide, où une demi-heure suffira.

Étude du tableau de Millet, l'inspirateur. Petit morceau de lin brut, non enduit, sauf d'une colle transparente. La palette riche en matière, des primaires, les jaunes de chrome, vert Véronèse, carmin, vermillon... je plonge en retenant ma respiration dans un soleil épais, la matière posée en cercle propose une sensation de relief et un contraste saisissant avec la rudesse verticale ou horizontale du reste.

La vitesse et la force avec lesquelles je pose les couleurs offrent de merveilleux mariages, les jaunes prennent quelques traces de vermillon, pour verdir aussi parfois. Le Van Gogh qui habite en moi devient un coloriste hors norme, l'histoire s'imprime doucement, trente minutes nécessaires pour que l'œuvre de Millet soit sublimée par Van Gogh... Moi, je suis acteur et spectateur d'une petite pièce entrant dans l'histoire. Je récupère doucement ma respiration, ma tête oxygénée retrouve ses origines : je suis à nouveau Alin, devenant le spectateur amoureux.

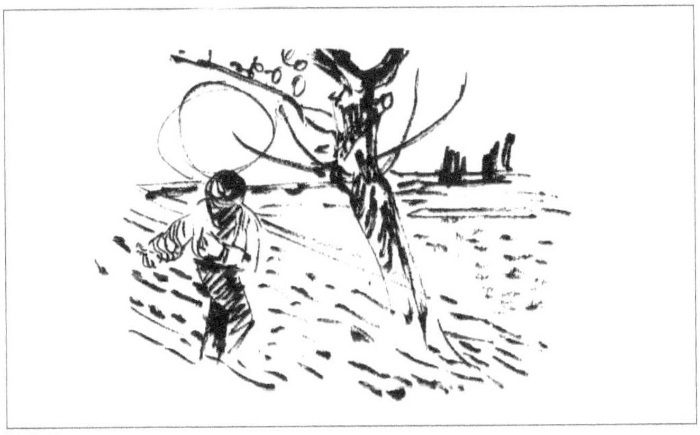

Credo

e n'ai pas l'intention de faire des purges, ni de nettoyer les écuries. Je ne suis pas l'archange du beau ni de la morale.

Je veux simplement rendre à Van Gogh ce qui est à Van Gogh, débarrasser une œuvre de tout ce fatras de faussaires. Qui mieux que moi peut en parler ?

L'œil du copiste prend une autre route que celle du fabricant de faux : retrouver ses gestes, ses émotions pour en restituer l'essence, les sens.

Refaire globalement toute l'œuvre m'est impossible, ma passion me ferait perdre la raison. Comme Vincent.

Pour expliquer cela, j'ai donc posé mes pinceaux pour jouer avec sérieux au conteur, au raconteur. Je vais essayer d'être moi, l'Alin avec ses colères, ses constats, sa passion, ses outrances et son regard d'enfant émerveillé. Il m'arrive de contempler une jambe, des yeux, une femme qui, d'instinct, met en valeur ses doigts, ses cheveux, son cou d'un geste simple et naturel... Il m'arrive aussi de m'arrêter sur des taches de couleur, des traits, des formes et de vouloir découvrir ce qu'il y a « dessous ».

Cet œil obsédant du copiste...

Défi

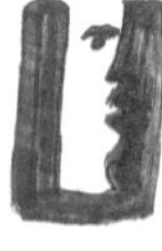n architecte me sollicite : une quinzaine de toiles pour un grand cabinet d'avocat parisien. Bonnard, Monet, David, Winterhalter, Modigliani, Gérôme...

J'accepte, comme on relève un défi : j'ai un mois pour la réalisation, un mois pour interpréter tous les peintres. Passer ainsi de l'un à l'autre, sans prendre de respiration, est un pari psychique redoutable, à la mesure de mon besoin vital, viscéral, de séduire mon public... petit clin d'œil à Modigliani.

Bonnard, Monet, Modi... Bon. Mais Gérôme ? Je ne connais que superficiellement son œuvre : il m'est nécessaire de collecter le maximum de renseignements.

Je pars en chasse, direction le Louvre. Je dois y trouver des œuvres originales et quelques documents importants pour ma commande. C'est plus complexe que je ne le croyais : autant d'œuvres, autant de périodes pour l'artiste. *Les Chevaux dans le désert*, *Le Bain*, *La Toilette dans le harem*, chacun un choix différent dans le traitement de la couleur, de la lumière, de la composition...

Le Bachi-bouzouk est un tableau techniquement parfait, sorte de photographie d'un soldat nègre. Il pose crânement, le regard en coin, vaguement inquiet tout de même.

Vraiment, je suis curieux de savoir si je suis capable d'égaler le travail technique de Gérôme. La préparation de la toile pour *Le Bachi-bouzouk* est essentielle, très différente des lins bruts de l'impressionnisme. Un enduit gras, finement poncé pour un rendu lisse aussi parfait que possible, la trame du tissu n'apparaît presque plus. Le dessin demande une grande précision, exécuté à la sanguine, car le trait sera recouvert par des siennes et des ocres.

Après avoir intégré chaque détail de mon modèle, je laisse agir la main et l'œil, ils sont aux ordres d'un cerveau que je ne maîtrise plus. Très vite, je vais couvrir cette palette chargée d'un peu de bitume. Avançant avec plus d'assurance, je découvre que mes doigts sont de la partie : le peintre les utilisait pour obtenir des fondus de couleurs parfaits. Les ombres du visage se posent lentement, comme un maquillage. J'exécute les mêmes gestes, fardant une paupière, ourlant une lèvre, estompant la pommette. Une fois le visage terminé, j'aurai réalisé le plus difficile... Le reste de l'image n'est que froideur figée. À l'exception de la crosse d'ivoire dont il faut faire un objet précieux.

J'ai la sensation étrange de regarder un cliché prendre vie dans le bain du révélateur, comme si je développais une photographie. Le visage retrouve sa curieuse expression. Je dois être très proche maintenant du travail de Gérôme, quelques heures encore d'absence à moi-même et je disparaîtrai derrière le personnage que j'interprète.

Qui guide ma main à cet instant ? Qui m'ordonne, de manière aussi précise, l'ordre des passages, la nature des mélanges ? Plus de carmin ? Non. Plus de vermillon ? Oui. Je laisse faire... Un pas en arrière pour contempler le chatoiement du vêtement, la brillance de la soie apparus sous la caresse légère d'une brosse. Alourdir les ombres des plis, comme pour les pesants velours de David. Le pinceau se fait aiguille pour tisser les broderies de la manche. Tout, maintenant, se met en place. J'accélère ma gestuelle, retrouvant de l'amplitude pour terminer les fonds. Un brun Van Dick, plus une petite touche d'ocre... Comme lui, je signe dans cette masse brune de six lettres majuscules : GÉRÔME...

Immédiatement, je me mets à enduire une autre toile de 140 par 90. À nouveau ce travail long, méticuleux, essentiel moment de la pensée qui vagabonde en laissant faire les doigts. J'ai une idée en tête. Je suppose, je pressens, que *La Jeune fille au bain turc* a été exécuté dans le même mouvement, une sorte de réponse, de suite au *Bachi-bouzouk*. Le déhanché de l'odalisque dans une lumière de cathédrale, ce regard par en dessous. L'eunuque accroupi comme une menace.

Les mains vont et viennent, affinant le ponçage un peu plus à chaque passage. Je laisse ma mémoire fouiller à sa guise dans tout ce que j'ai lu et relu depuis que j'ai accepté cette commande, je la laisse fouiller dans mon appréhension de l'homme que fut Gérôme. Je m'en imprègne, l'absorbe comme une éponge...

La toile est prête.

Alors, sans douter un seul instant, je laisse Alin devenir Gérôme.

C'est elle, cette femme surprise nue, plongeant ses mains dans une vasque, avec son étrange regard, qui est le centre du tableau. Le reste, comme chez mon cher et sensuel Modigliani, n'est qu'exercice technique. Elle est pulpeuse, presque lourde. Une perfection d'humanité. Je laisse mes doigts l'inventer, la caresser sur la toile plus que la peindre. Du bout des doigts enduits de chair, un corps va naître dans la pleine sensation du plaisir d'un amant.

Le moment le plus délicat vient en dernier : peindre les rayons lumineux qui traversent le tableau... Quel exploit technique de Gérôme ! Trouver la transparence de la lumière, le tranchant rectiligne des rais sans dénaturer le reste. « Cesse de t'interroger, tais-toi et sois Gérôme. » Cela exige de mon cerveau un effort paradoxal : il faut l'empêcher de penser. Le moindre calcul, et c'est l'erreur. Je redécouvre ma main, si bien ordonnée quand elle est seule. Enlever délicatement la matière déjà posée jusqu'à la transparence des couleurs appauvries. Puis un jus au blanc de zinc pour rendre le flou et... C'est ça.

Une nouvelle fois, sans savoir ni comment ni pourquoi, je viens de le faire.

Je pose la palette, moulu.

Et je la reprends aussitôt. Je vais devoir reproduire à nouveau *Le Bachi-bouzouk*... La commande est double. Si j'ai souvent refait ainsi en deux ou plusieurs exemplaires certains tableaux, une toile d'une telle facture, jamais. Une journée plus tard, j'ai deux toiles parfaitement semblables dont rien ne diffère de leur modèle. Le reste de la commande suivra, inlassablement. Enfermé dans cet atelier sombre, humide, je vais réaliser, en un mois, une quinzaine de toiles.

J'ai gagné mon pari, mais je suis épuisé. Et mon œil, mes doigts, je le sais, vont refuser désormais de refaire les gestes de Gérôme. Plus de Gérôme... L'œuvre est « supprimée de mon répertoire ».

Les mots

Baudelaire, l'un de ces poètes qui ont cherché à rendre le trivial beau, noble. Jusqu'à un paroxysme à déclencher des tempêtes. Sa *Charogne*, dans *Les Fleurs du mal*, a suscité des levées de boucliers au moins aussi outrées que les premières toiles de ceux que l'on appelait alors les « coloristes ».

Rappelez-vous l'objet que nous vîmes, mon âme,
Ce matin d'été si doux :
Au détour d'un sentier une charogne infâme
Sur un lit semé de cailloux.

Au moins avait-il les mots pour défendre son art, et même eux d'ailleurs n'ont pas suffi. Baudelaire : « censuré... »

Il écrivait aussi :

Les coloristes dessinent comme la nature, leurs figures sont naturellement délimitées par la lutte harmonieuse des masses colorées...

Ces mots durent aider ces peintres qui lisaient leur poète sous le manteau.

Les incroyables difficultés que connurent les impressionnistes au début de leur vision créatrice sont à peine imaginables pour nous qui sommes « habitués » (si peu, en fait) à les voir dans le paysage, en quelque sorte. Révolutionner la vision artistique du monde s'est fait sans mot pour le dire, reflet de l'impossible discours du peintre devant le travail qu'il a accompli ou qui lui reste à faire...

Au fond, personne ne sait pourquoi ni comment,. mais c'est seulement le « faire » qui compte. Le « dire » n'a, dans l'écrasante majorité des cas, qu'un sens artificiel. Les écrits critiques, les variations théoriques, les visions interprétatives de l'œuvre, le regard même que tel ou tel porte sur les artistes en tant qu'hommes ou femmes, tout cela compte pour rien. Ce sont des courants d'air que font certains en agitant les mots, du vent pour souffler que les agitateurs d'éventails (eux disent « concept ») y connaissent quelque chose. Quelquefois, ils parviennent à le faire croire, à se le faire croire.

Surréalisme, post-ceci, art brut, pré-cela, art naïf, décadent, primitif voire... Comment peut-on être aussi loin de la réalité du « faire » artistique au point de qualifier le travail d'un homme de « primitif » ? À quoi cela peut-il bien servir que d'ajouter aux périodes des adjectifs qualificatifs ? À ranger la création dans des tiroirs ? À se donner l'impression que l'on « maîtrise » le fleuve impétueux, imprévisible, de l'art sans cesse en mouvement ?

Mais les mots ont un poids, qui oppresse au point de tuer quelquefois. Ainsi, le mot « métier ». Dans cette foire d'empoigne qu'est devenu le monde de l'art depuis la révolution impressionniste, tout le monde a un « métier ». Galeriste, critique, historien d'art, conservateur, expert... autant de métiers reconnus, codifiés, dûment inscrits au registre du commerce. Le seul qui ne soit pas considéré comme exerçant un « métier », c'est le peintre lui-même. Stupéfiante pirouette qui fait du premier maillon travailleur de la chaîne, le seul à n'avoir pas de « métier ».

Aussi, par une sorte de respect qui me semble aller de soi, je ne veux jamais parler que du métier de peintre. Un métier qui évoluera au gré, non pas des goûts et des envies de la société, mais des désirs et des besoins des artistes eux-mêmes. Ceux qui exercent cette profession (j'insiste) ont une fonction simple mais sublime : l'art modifie la pensée de l'humanité.

Les peintres sont les pharmaciens des âmes, ils en soignent les blessures, leur permettent de voir le monde autrement. La fascination qu'exercent sur toutes les sociétés les œuvres qui ont marqué l'histoire en est la preuve manifeste.

Quant aux autres « métiers » qui gravitent autour

du peintre, ces importuns qui vivent sur la bête : moins de mots, plus de regard ; moins d'étiquettes accolées, plus d'expositions publiques ; moins d'avis définitifs et plus d'amour ; moins de galeries marchandes et plus de respect devant ce que les hommes ont réussi de plus beau.

Devant un tableau, il n'y a qu'un mot, c'est un verbe actif qui incite à l'humilité : « aimer ».
« J'aime » ou « Je n'aime pas ».

Fête

Cher et très sympathique Toulouse-Lautrec... Sa technique rapide, son sens de l'observation hors du commun... À la manière d'un caricaturiste, il réalise une œuvre comme une fête sans fin. Lors même qu'il sait que la sienne est proche.

Sa fête ou sa fin ?

Les deux.

Dans les moments où les choses me pèsent, j'aime le reprendre. Cartons bruts, palette très diluée lui permettent de peindre avec des reprises immédiates sur des couleurs qui laissent des pans entiers de manque.

L'aspect est plus lourd, les tons deviennent mats, comme une pointe supplémentaire de réel. En travaillant sur l'ensemble de son œuvre, moi qui ai arpenté longtemps le monde de la nuit, je peux aisément me retrouver, saisir les émotions, parcourir ses chemins.

J'aime la folie de vivre imprégnée partout chez toi, et qui sue de chacune de tes œuvres. La folie des soirs où tout se mêle : fumée, alcool et désir...

C'est ainsi que je vis sa peinture et je n'ai jamais eu d'autre sensation que l'envie de m'éveiller au milieu de la fête, pinceaux à la main, couché dans un lit entouré des belles du tableau. J'aimerais que l'on puisse, en regardant ton œuvre, savoir et sentir combien tu fus le témoin d'un monde où les légendes se mariaient si bien avec la réalité.

Reconnaissance

ouis Paul est un industriel dont la réussite a
été aussi fulgurante que justifiée. Nous nous
croisons chez un ami commun, Philippe...
– Ah oui, Alin... c'est vous le petit génie ?

Mauvais début... Mais je découvre qu'il n'y pas
d'ironie, nulle intention de blesser dans cette phrase. Il
a une maison, dont les murs sont désespérément vides et
qu'il veut couvrir de beauté. Ce n'est pas un spéculateur,
pas un trafiquant. Juste un passionné :

– J'y voudrais tous les peintres que j'aime, ce qu'il
y a de plus beau, tous ces tableaux que je n'ai jamais pu
voir vraiment. Avec vous, je les contemplerais tous les
jours...

Coup de foudre entre nous, il se trouve que les
peintres qu'il aime sont ceux avec lesquels je vis. J'ai
carte blanche, j'ai un an. Extraordinaire proposition...

Le soir qui suit cette rencontre n'est que fièvre, je tourne dans mon atelier avec cette rage : combien d'hommes suis-je capable d'être ? Combien de Gauguin, de Van Gogh, de Modigliani suis-je capable de réaliser ? Mon entourage sait qu'il est dès à présent risqué de m'approcher, qu'il doit désormais craindre mes réactions : je ne m'appartiens déjà plus, à la fois eux et moi dans une impossible alchimie. Je ne vais plus supporter que de peindre. Et pour ne pas craquer, physiquement, il me faut préparer l'animal Alin à recevoir ses « invités ». Carte blanche ! Mes préférés auront les premières places. Un an, un an où je vais être tour à tour heureux, furieux, épuisé.

Autant commencer par le plus éprouvant, autant m'assassiner dès les premiers jours... Ce sera Vincent : *L'Église d'Auvers*, *Le Champ de blé au cyprès*, *La Plaine de Crau*, *Les Tournesols*...

Et il faut cette fois que je parvienne à donner une revanche éclatante à Van Gogh. Je veux parvenir à allumer dans l'œil de Louis Paul cette lueur d'admiration sans limites pour l'œuvre d'un homme... Vois-tu, Vincent, toi qui n'as jamais pu rencontrer le bonheur de lire dans le regard des autres la reconnaissance de ton génie, il est des « mercis » à retardement, même posthumes, qui valent les plus grands hommages. Je veux t'en offrir un, parvenir à ce qu'il ait de la fascination pour ton travail, je veux de l'extase...

Je veux surtout être aussi loin que possible des enchères folles d'une salle de vente. Le prix exorbitant des *Tournesols* pendu à une potence chez *Christie's* n'a rien d'une reconnaissance. Au contraire, c'est un assassinat. Ce riche collectionneur va, par téléphone, acheter le bonheur pur pour l'enfermer dans un coffre, l'y laisser dormir pour que ses successeurs puissent le revendre plus cher encore. Mais personne ne pourra boire à cette source, à ce Graal.

La seule chose qui me fait sourire est qu'il aura peut-être acheté un Van Gogh d'Alin, authentifié par des « experts » à la docte mine...

Voilà. Ce sera ma mission pour répondre à l'extraordinaire proposition de Louis Paul : lui arracher les larmes d'une reconnaissance éternelle pour toi, mon Vincent.

Quant à moi, le petit paysan des rives du Rhône, je n'ai pas « entendu des voix » ni senti une « main me guider »... Oh non ! Il me suffit de voir l'une de tes couleurs, l'une de tes empreintes sur la toile pour être habité par cette impétueuse envie de te « refaire », avec la même rage, les mêmes émotions. Ta peinture n'est jamais, ne sera jamais, figée sur la toile. Elle est sans cesse en mouvement sous l'œil de chacun de ceux qui te regardent. Elle varie avec chaque mémoire, chaque histoire... Tu es parvenu à réaliser, pour tous tes tableaux, autant de créations imaginaires différentes qu'il y a de cerveaux. Chaque homme, chaque femme, chaque enfant est peintre en te regardant. Extraordinaire aboutissement d'un art ; le partage est total... et paradoxal : chacun peut être toi le temps d'un regard et tu es unique. Il n'y a qu'un Vincent Van Gogh, un seul : toi.

Es-tu amer, es-tu heureux lorsque j'endosse les haillons qui t'ont revêtu, toi le roi ? Je n'essayerai pas d'anoblir ton travail, non. Même le prétentieux que je suis ne l'oserait pas... Je veux seulement en montrer le sens, la beauté. Je ne tente pas de te copier mais de t'aimer au point de ressentir, de vivre dans ma chair, ta douleur de créer intensément dans l'indifférence générale, alors que tu sais que tu œuvres pour tous ceux qui te méprisent. Quand je tombe tes oripeaux, épuisé, hagard, tous les autres costumes me paraissent confortables. Après toi, je saisis mieux tous les autres.

Allez, Vincent, au travail ! On va leur montrer... Commençons par *L'Église d'Auvers*. Nous sommes Place des Clercs, à Valence, « mon » atelier... Le tien, si tu viens.

J'installe mon chevalet... Je suis resté en terrasse sur la place, face à une cathédrale qui, sous un certain angle, ressemble au tableau, à cette église d'Auvers-sur-Oise désormais universellement connue. J'ai toujours eu la sensation de voir la toile de Van Gogh répondre à un mouvement, comme si l'église voulait s'élancer vers le ciel, s'étirer pour paraître plus belle et plus grande. La pureté des coloris, les taches de vermillon, les violets forment un ensemble qui confine au parfait.

Bleu de Prusse, bleu de cobalt, outremer, trois petits tas brillants sur ma palette. Le vermillon dans un coin.

Le violet, le noir et le blanc éloignés l'un de l'autre. Un pâté de vert, un autre d'ocre, deux de jaune : ma furie peut attaquer.

La main, sans hésitation, commence en larges traits empâtés un ciel outremer presque noir, tourbillon à gauche de la toile ; j'étire, pose, reviens jusqu'au bord du dessin, la peinture s'estompe doucement pour devenir presque transparente autour de l'église. J'affine en revenant par un trait noir et outremer sur le contour de l'église... Je le sens, j'y suis... Désir inexpliqué, je peins en premier les vitraux outremer plus clair afin de laisser la lumière pénétrer et ressortir de l'église... la tache vermillon du toit en quelques coups de brosse comme des S pour le rendre mobile... tout doit monter vers le ciel et non s'ancrer au sol. J'accentue mes traits noirs, mon église est définitivement sur ses fondations. Je vais laisser onduler les toits, brosser de grandes poses verticales ou horizontales en étirant la peinture... Elle accroche, chacun des coups de pinceaux se superpose à une autre couleur, mais laisse celle du dessous apparaître comme peut le faire la lèpre d'une pierre : un salpêtre de couleurs. Angles droits, je bâtis une cathédrale, je fais le rêve du bâtisseur, donne du mouvement à un édifice qui se veut indestructible, improbable mélange entre l'élan spirituel et la trivialité de la pierre qui ne peut être qu'une église. Toi, tu y as ajouté la couleur, ce mouvement irrépressible vers le haut, l'élévation du sacré... L'humain est présent tout de même en bas, à gauche, avec cette femme d'allure presque bretonne, quelques coups de pinceaux outrés pour lui donner vie. Puiser au sol de longues touches d'ocre et de rose, au-dessus desquels tu vas poser tes verts et plusieurs touches de jaune sur le chemin. L'herbe entourant l'église l'aide à s'élever.

Vincent... Le monde entier connaît aujourd'hui Auvers-sur-Oise. Moi, j'ai la chance de connaître la musique qui fait le chef d'œuvre, je pose la dernière touche.

Vertige, je manque tomber du tabouret. Je ne me souviens pas d'avoir inspiré quelque air que ce soit pendant tout ce temps. Je redécouvre ce que j'ai toujours su, depuis la première fois où j'ai vu ta toile. Mon cœur, comme le tien, Vincent, a changé de rythme, il s'est emballé pour finir par ne plus battre. Tu pouvais, chose extraordinaire, bloquer ton métabolisme pour n'être que le peintre devant son tableau, devant son devenir.

J'ai besoin d'une pause… Recul. Recul physique : je dois m'éloigner, prendre mes distances...

L'œuvre est là, effarante de puissance. Soûlographie d'église, elle est ivre. Je ne suis que fatigué quand le rideau tombe sur cette nouvelle représentation d'une pièce magnifique. À la différence de l'acteur, je n'ai pas la chance de jouer tous les soirs.

Heureusement peut-être... J'en mourrais.

Palettes

Si, par extension, le mot désigne la gamme chromatique de tel ou tel artiste, à l'origine, la palette est cette espèce de planchette ovale, percée d'un trou dans lequel on passe le pouce, destinée à recevoir les couleurs qui serviront au tableau. On les trouve à côté des tubes chez les marchands de couleurs. Dans la réalité, bien peu d'artistes peintres devant leur toile utilisent ces objets manufacturés. N'importe quoi de vaguement plat fait l'affaire : un couvercle de pot, une chute de bois, une assiette, un bout de carton fort... J'ai même utilisé des plateaux de service.

Sans savoir exactement pourquoi, au cours de ma longue aventure de copiste, je n'ai jamais mis au rebut, ni même réutilisé, les palettes dont je m'étais servi pour réaliser des toiles de maître. Superstition, peut-être.

Ou intuition d'une œuvre à venir ?

J'ai ainsi accumulé des dizaines, des centaines de plaques et supports divers sur lesquels j'avais posé de la matière pour qu'elle devienne art, comme le firent Van Gogh, Gauguin, Modigliani...

Ces petit tas instinctifs, ces détrempes mélangées à la diable, ces couleurs et ces formes supposées aléatoires me sont apparues un jour comme des images impossibles à faire volontairement... Le reflet fidèle d'une transe.

Je me suis amusé une fois à essayer de « copier » la palette de *L'Église d'Auvers-sur-Oise*. Je me suis aperçu que j'en étais incapable ! Je crois que personne ne le pourrait, tant le hasard et la maîtrise inconsciente du geste s'allient pour produire une nouvelle facette du génie de « mes » peintres.

Par humilité, pour rendre une nouvelle fois hommage à ces artistes qui font ce que je suis, je me suis décidé à inclure dans mes propres tableaux ces palettes conservées. J'ai travaillé avec de larges traits noirs, cernant des yeux imaginés pour la circonstance, pour mettre un regard sur ces merveilles nées du hasard. Elles sont devenues, à leur tour, des œuvres d'art. Simplement intitulées *Leurs palettes*, je les ai exposées comme un témoignage de mon respect aux maîtres.

Il ne me reste qu'une seule de ces œuvres, toutes les autres furent « adoptées » par les propriétaires des toiles réalisées avec ces palettes.

Même les outils des génies sont des œuvres d'art.

Culture

La connaissance de la peinture, même chez un individu cultivé, se limite dans le meilleur des cas à une soixantaine de tableaux.

C'est plus proche de vingt-cinq en général. J'en ai une preuve simple : depuis mes débuts de copiste, on ne m'a pratiquement commandé que ces soixante toiles-là...

Je n'écris pas cela avec dédain ni mépris. C'est seulement le pénible constat d'une vision de l'art uniquement tournée vers l'argent. Un tableau ne peut que « valoir » : c'est un « investissement » qui va « prendre de la valeur ». Si l'on interrogeait au hasard des gens dans la rue, nombreux sont ceux qui seraient capables, de bonne foi, de citer le prix d'une œuvre acquise à Drouot, à grand fracas, sans même s'être demandé quelle couleur elle avait. Impossible de leur en vouloir, c'est tout ce qu'on leur donne à regarder : le montant du chèque !

J'ai connu un « expert » incapable de citer à brûle-pourpoint plus de quarante toiles. Il en a pourtant vendu, expertisé ou simplement vu passer plusieurs milliers... Je ne citerai pas son nom, il exerce toujours, délivrant ses oukases du haut de sa chaire. Systématiquement, j'explique à mes acheteurs qu'il existe des milliers de peintres, des centaines de milliers de toiles à découvrir, à aimer, à caresser du regard. Qu'ils pourraient s'acheter trois fabuleux originaux inconnus pour le prix d'une copie du *Déjeuner sur l'herbe*. Comment, par qui et au nom de quoi est-il un jour arrivé que l'on puisse croire que les tableaux les plus chers étaient forcément les plus beaux ?

Rares sont les tentatives de parler simplement de la beauté d'une œuvre, et parmi elles, rarissimes celles qui sont véritablement désintéressées... Quand je songe, pour l'avoir intimement vécue, à la douleur de produire du beau, à la passion destructrice d'un Van Gogh ou d'un Nicolas de Staël, il me faut me retenir d'étrangler les marchands. Non, messieurs, sans jeu de mots, je ne vous « estime » pas. Ou plutôt, j'estimerai celui d'entre vous qui saura dire : « Celui-ci est si beau qu'on ne peut le vendre, il faut le faire aimer seulement. Comment s'y prendre pour le faire voir du plus grand nombre ? »

Et puis, soyez honnêtes, les prix les plus élevés ne sont pas accrochés aux meilleures œuvres. Répétons-le pour que, définitivement, l'on ne nous parle plus du

« marché de l'art », mais de l'amour de l'art. De l'art, même, tout simplement.

Et que les marchands aillent se faire spéculer...

etour à l'atelier de Valence.

Il me faut dès le lendemain de *L'Église d'Auvers* accomplir un nouveau pas sur le sentier de ton calvaire. Je veux plusieurs Van Gogh pour Louis Paul. Vincent, il me faudra accomplir chaque étape de ta passion. Ma sensibilité est à fleur de peau, autant m'en servir tant que je tiens debout.

Dans l'histoire vivante de l'art, pleine de virages (de tourments ?) tu es, Vincent, le plus honnête. Pas de « constructions conceptuelles », juste le besoin d'être si simple que c'est difficilement admissible par les critiques de l'époque. Chaque œuvre est un véritable accouchement, dont tu subis, comme ta propre mère, toutes les angoisses : cette progéniture est-elle viable ? Va-t-elle te plaire ? Va-t-elle durer dans le regard du public ?

Même moi, le modeste caméléon, j'ai peur. Je ne réussis pas à prendre la distance du copiste, persuadé d'ailleurs que si j'y parvenais, cela m'empêcherait d'accomplir mon métier. Peur de ne pas restituer du peintre ce qu'il veut donner à son spectateur. L'angoisse est présente tout au long du travail, elle taraude, vrille l'estomac, se transforme en l'une des forces non maîtrisables de mon art. Pourtant, que représente-t-elle devant l'écartèlement de Vincent ?

Être Vincent Van Gogh une fois de plus, c'est incarner un homme perpétuellement déchiré par deux certitudes : n'être pas le commun des mortels et construire une œuvre pour l'humanité, ne jamais être reconnu pour tel de son vivant... Comment as-tu pu ne pas t'égarer ? Comment ne pas savoir qu'il faudra, en guise d'ultime signature, te donner la mort pour exister ?

À chacune de mes réalisations de toi, je sais que je vais traverser les enfers pour, une fois l'épreuve terminée, renaître au Paradis.

Avec *La Méridienne* (ou *La Sieste*) j'ai pu comprendre ce que peindre avec de la terre voulait dire : pas étonnant de voir Van Gogh s'attacher à l'interprétation d'œuvres de Millet. Il aimait Millet, la perfection technique de ses toiles mise au service des humbles. Il peignait des paysans quand David sacrait Napoléon.

Défi et envie encore une fois devant ce tableau. Je veux la vivre, je veux la faire, cette sieste, je veux savoir ce que tu as vécu mon ami, ta douleur, ma douleur.

Cette fois, la toile est tendue sur un panneau de bois, afin d'éviter l'effet « tambour », dû à la violence de mes (tes) gestes. Ensuite, elle sera montée sur un châssis. J'ai, puisque je la connais tellement, facilement posé la palette, ocres multiples, jaunes de chrome, noir, blanc et mes bleus, beaucoup de bleus, mon ciel va être plus tourmenté encore pour mieux laisser la brillance de la paille, la sensation de chaleur, l'épuisement des paysans. Je suis un monstre de force, de gestes inconscients et pourtant, la souffrance est bien sur ma toile, elle devient la sienne, moi un autre, je n'ai plus envie de respirer, je n'ai aucune envie, sinon de terminer « son » travail ; les meules lourdes et chaudes sont là, posées sur un fond plus clair, comme le devient un champ juste après la moisson, les ombres, jaunes et ocre foncés font ressentir cette chaleur torride, il me faut poser les paysans dans leur sommeil, costumes délavés par le labeur, pose de l'homme satisfait dans son travail croisant les bras derrière la tête, chapeau rabattu pour mieux encore trouver le sommeil. Outils, souliers sont là comme un symbole discret mais nécessaire, seulement intéressants par les courbes des faucilles et la reprise des chaussures souvent peintes par Vincent.

Cette toile me fait penser au *Dormeur du Val*... La lourdeur paisible d'un sommeil éternel. Mais cette fois, les personnages doivent pouvoir se réveiller. J'ai posé mes coups de brosses sur les habits, un léger ton violine, le bleu à l'intérieur pour trouver la juste couleur. Festival de primaires, lumière mille fois éclatante... Pourquoi être si défait, indolent, devant cet éclat ? Est-ce bien à moi d'avoir le souffle coupé, la barre d'une migraine me sciant la nuque, la peur qui liquéfie mes entrailles ? Il le faut pour donner ces sensations-là, précisément celles-là... Je le crois avec toute la sincérité dont je suis capable.

Comment as-tu pu faire aussi bien, mon ami, quel prix terrible faut-il donc payer pour atteindre le sublime ?... Tu le savais, toi.

Ma toile s'achève... pardon, *ta* toile... Recul, oubli de ma fatigue, de la tienne. Elle est belle, elle est merveilleuse...

Don

Comment expliquer que devant une toile je puisse me « transposer », pour ainsi dire, et réinventer les gestes de celui qui, il y a cinquante, cent ou deux cents ans l'a peinte ?

Quelle est donc cette faculté qui me projette à travers le temps ? Existe-t-il, le temps, lorsque je suis les traces, à travers les océans, de Paul Gauguin ?

Suis-je le passeur d'un monde à un autre ?

Orphée de chair bravant les enfers du peintre pour retrouver une Eurydice de toile. Oui, j'ai franchi, je l'affirme, les obstacles du temps et de l'espace pour vivre au cœur même de l'histoire de Gauguin. « Cœur », en effet, car entre le copiste et l'artiste peintre, c'est l'émotion qui submerge : l'histoire forte qui se noue est une histoire d'amour, fulgurante...

Un vrai copiste est fait de coups de foudre, de touches

historiques, de vérités sensorielles... Intuitivement, il comprend la genèse de l'œuvre, il capte la fureur de la composition et remet la structure en arrière-plan.

Qui dit « lumière » dit aussi « vitesse ». Vitesse de la pensée, éclair aveuglant de l'intuition qui, impérieusement, guide la main... Vitesse d'exécution, pour mieux servir l'élégance du tracé originel. Là commence l'aventure, car la multiplicité de mes voyages auprès des artistes dont j'ai reproduit les œuvres tisse des liens entre elles, entre eux, au-delà des siècles. Au-delà de moi-même.

Mon regard exercé de copiste lit les similitudes, les transpositions, comme un explorateur qui relèverait la piste d'un tracé, d'un geste. J'en décèle les liens volontaires, inconscients, qui courent d'une œuvre à l'autre... Plaisir subtil de saisir l'âme de l'artiste, de vivre l'improbable perception d'une richesse intérieure...

Loin de moi la prétention d'être un scientifique de l'art. Je n'ai simplement « que » la chance inouïe – au sens étymologique : impossible à entendre, in-ouïe – d'être à l'intérieur de ce que l'on peut écouter, qui s'entend, se comprend !

Cette chance inouïe d'être un passeur, cette faculté d'être à la fois dans et hors du temps, d'être à la fois le public admiratif et l'acteur attentif suscitant les rappels, m'a montré la voie : restituer intact le message de l'artiste.

Créer des images inédites qui influent sur la marche du monde reste l'apanage de ceux qui, baignés dans la mémoire de l'homme, peuvent dompter le fleuve impétueux du don. Adopter leur technique, se draper dans leur génie, reprendre à la lettre leur œuvre et faire en sorte que le spectateur ressente, face à la copie, les mêmes émotions que devant l'original, voilà le seul rôle que je souhaite jouer.

Dignement interprété, il ne permet plus à personne de distinguer le faux du vrai. Quelle importance ? Aucune, c'est l'humanité en marche qui y gagne. Seule perdante : la spéculation. Qui la pleurera ?

Magie

'ai posé sur mon chevalet la même toile un peu écrue, un sac postal ressemblant aux toiles qu'utilisait Van Gogh. Pour peindre *Le Café de nuit en Arles*, j'ai lu, regardé tout ce qui a permis la réalisation ou plutôt l'intention de réalisation ; en cela, j'apprends mon texte, je descends doucement dans un personnage, qui, à chaque fois, m'envoûte, m'épuise. Je vais changer mes habitudes, m'habiter d'une fièvre non maîtrisable. Un dessin à la plume m'approche de l'esquisse du tableau, et me donne le mouvement de mes futurs coups de brosse. Je n'ai plus qu'à poser mes couleurs sur la palette, moment à nouveau magique ; pourquoi puis-je manier sans me tromper les petits « pâtés », faire sortir du tube la quantité nécessaire ? La poser à sa place, afin que la main ne cherche pas avec hésitation. Tout va devoir aller très vite. Mais sans pouvoir réellement décrire l'émotion, je sais seulement avec humilité que je ne m'appartiens plus, et que dans quelques heures, épuisé, la tête cognant comme un tambour, les bras brûlants, les doigts tétanisés, je serai devant une des plus belles réalisations. Un Van Gogh va naître, un Alin s'efface, émerveillé d'avoir joué une pièce dont, en aucun cas, il ne s'attribue la propriété.

Musée

Court déplacement mais grand frisson : je vais à Amsterdam retrouver mon maître au *Rijksmuseum*. Je vais plonger avec délectation dans son œuvre comme dans un bain de jouvence.

Le poids des couleurs me pénètre comme une transfusion, je ressens de nouveau sa douleur... Il ne m'est plus possible d'être Alin, peintre du XXe ou du XXIe siècle : je ne suis que le modeste ami de Vincent. Aucun mensonge, aucun calcul derrière cette émotion. Seule une complicité profonde que je voudrais faire partager.

Mille pages ne me suffiraient pas pour dire ce que je veux de Van Gogh, le temps me restant à vivre serait bien trop court. Je ne peux me détacher d'aucun tableau. J'ai besoin de cette présence, personne mieux que lui ne m'anime, personne n'a autant donné de sens à ma vie et, s'il m'arrive parfois d'entendre parler de « rédemption » pour ce qui me concerne, je sais que plus encore que le don de Dieu, c'est l'amour de la peinture de Vincent, l'amour de Vincent, qui sont responsables de ce que je suis aujourd'hui.

Passée la vive émotion, fulgurante, envahissante, les salles du *Rijksmuseum* m'étouffent. Je déambule dans ce monstrueux musée, le cœur au bord des lèvres. Le décalage entre la pompe de la mise en scène et la pauvreté dans laquelle est mort le peintre me révulse. Les mêmes qui, hier encore, l'ignoraient au point de le chasser de chez lui, exploitent aujourd'hui avec un à-propos imbu la passion qu'il a léguée aux hommes.

Qu'on le montre, oui... Mille fois, partout, encore. Mais avec pudeur, avec humilité : « Nous n'avions pas compris, mais nous tentons de rattraper cette erreur en montrant le peintre nu, comme il s'est livré au monde. » Au lieu de cela, ce n'est qu'arrogance mal placée et récupération éhontée.

Et surtout, plus encore que tout le reste, incompréhension évidente de l'œuvre : il y a là, sur les cimaises, éclairées avec fatuité, des faux criards, ridicules... Je les regarde sans hurler, avec dégoût. Quel conservateur a accepté ces horreurs pour gonfler sa collection et bomber la poitrine ? Quelles magouilles pour que cette croûte finisse ici ? Quelles compromissions pour que cette autre soit pendue au milieu de chefs-d'œuvre ? Quels chemins tortueux « d'authentification » pour faire croire au public, par mercantilisme, qu'une telle collection puisse être reconstituée sans aucun faux ?

Malheureusement, les mensonges encadrés s'accumulent, cautionnés par l'institution.

Je ne chasse aucune sorcière, je ne veux voir tomber aucune tête et d'aucuns diraient, du haut de leur fauteuil de juge, que je suis bien mal placé pour donner des leçons de morale.

Je les rassure : je n'en ai pas l'intention.

Je veux simplement rendre à César ce qui est à César : vous n'avez pas assez de Van Gogh pour faire un musée grandiose ? Alors contentez-vous de montrer ce que vous avez, avec respect. La Hollande a craché sur son fils, qu'elle en assume les conséquences ! Elle a été particulièrement méprisante de ce que fut Van Gogh. Ici, la culture de l'argent est comme celle des tulipes, une vitrine nationale... Quel manque, quelle carence tentent de masquer ces rodomontades ?

Je hais ce musée, et les autres avec lui... Je hais cet alignement pédant, ces régiments de soldats muselés, figés dans la défaite. Difficile d'admettre que l'on sera privé d'une œuvre, d'un original qu'un homme riche et puissant cèle dans son coffre, alors que sa copie insane, qu'un marchand roublard a fourgué aux « experts », trône dans le temple.

Voilà le peintre une nouvelle fois floué, instrumentalisé, foulé aux pieds et privé de la seule et unique reconnaissance qui compte à ses yeux : celle du plus grand nombre contemplant la beauté pour se panser l'âme.

Il est interdit d'enfermer le Beau, prohibé de faire payer le regard. Nul artiste ne désire cela, ou alors il ne mérite pas ce métier. Il faut que chaque être humain ait la possibilité de voir la peinture, que les œuvres se déplacent, viennent aux hommes simplement, sans commentaire à la gomme. Libres à eux d'être éblouis ou de ne pas regarder. Et non pas que les humains se déplacent pour « recevoir » la culture contre de la monnaie. Le legs des peintres est universel, il appartient à ceux qui espèrent encore.

L'argent roi a pris le pas sur tout le reste... Comment comprendre qu'on en soit arrivé là ?

Propriété

Quelles sont les raisons qui poussent les gens à croire qu'ils détiennent la vérité, que leurs mots sont paroles d'Évangile ?

Assis au *Flore* à côté d'un ex-avocat défendeur de la propriété artistique et intellectuelle, j'entends des propos qui me mettent hors de moi... L'argent, encore et toujours. Maudite référence sans rapport avec le regard d'un enfant sur le tableau. C'est ce regard, et rien d'autre, qui est la référence.

Une bonne fois pour toutes, la peinture n'appartient à personne. Surtout pas à une élite... Elle est à chaque fois la première page écrite par un homme pour l'humanité.

Quiconque veut se l'approprier est un voleur.

Folie

Je relis encore et encore les lettres de Vincent, chacun de ses mots confirme l'importance qu'il occupe dans l'histoire de l'art. Quel bonheur qu'elles nous soient parvenues, *Cher Théo...*

Je pense, en lisant, combien sa culture picturale est extraordinaire : s'il fallait exposer les tableaux dont il est amoureux, c'est plus de mille qu'il faudrait accrocher !

Il devait être facile pour les médecins de l'époque d'avancer qu'il était fou. Admettre que le seul mal dont souffrait Van Gogh était l'incompréhension devait être au-dessus de leur vision étriquée du monde. Ce n'est pas le « bon » docteur Gachet, premier faussaire de Van Gogh, qui oserait dire le contraire... Même l'art, même ses pairs ne le comprirent pas. Eux surtout, peut-être. Il possédait pourtant un véritable don de Dieu. Vincent va, grâce à la peinture, oublier cette lourdeur de vivre que tous nomment sa « folie ». J'ai souvent ressenti le besoin d'approcher, à la manière d'un sceptique, ce Dieu qu'il a sans doute renié. Ne se pose-t-il pas sans cesse la question du Christ en croix : *Mon Père, pourquoi m'as-tu abandonné ?*

J'affirme ici qu'il n'avait qu'une raison de se rattacher à la vie, qu'une raison de souhaiter la perdre : le travail... Je l'ai éprouvé lorsque j'ai peint *Le Champ de blé aux corbeaux* : ce fut un calvaire, un écartèlement, une violente déchirure. J'ai été, cette fois-là, l'être vivant Alin luttant pour ne pas devenir complètement Van Gogh. Et en mourir.

Jamais je n'ai été aussi près de la mort. Jamais je n'ai senti un homme mettre sa vie en jeu avec autant de force et d'intensité. Pendant que je jetais ce tableau sur sa toile, montaient les larmes de la colère. Moi qui en espère le pardon, je haïssais le monde de n'avoir pas compris Van Gogh, pas saisi cette évidence que, même seul, l'artiste est le reflet de toute la beauté du monde, ou de toute sa déchéance...

L'art et la vie étaient pour lui une seule et même chose, je ne le vis que trop en brossant rageusement cette toile. Elle va me hanter, me faire revivre la terrible décision du peintre... et celle de mon propre frère. Lui aussi a préféré en finir plutôt que de continuer un combat qu'il savait avoir perdu. Ce n'est pas je ne sais quelle « folie » qui leur a fait commettre, à l'un comme à l'autre, l'acte ultime, l'irréparable. Au contraire, c'est le désir clairement nommé d'être enfin en paix, le seul moyen d'y parvenir.

Et pour Vincent, une manière d'afficher à la face du monde qu'il doit comprendre que la peinture a un prix : celui de l'existence même du peintre.

Tout cela est sur ce terrible tableau. Les mouvements tourmentés de la matière sur la toile sont des respirations, les sentiers qu'il y trace sont ceux de la vie.

Et les corbeaux sont l'annonce d'une décision inéluctable : la fin.

Je ne sais combien d'amour je dois à Van Gogh. Il m'a appris à me respecter, à aimer les autres, aussi à conserver cet œil dur sur le monde de l'art.

Si un jour je cesse d'être copiste, je resterai toujours le tien, humble interprète de la plus grande œuvre humaine jamais réalisée.

Merci, Vincent.

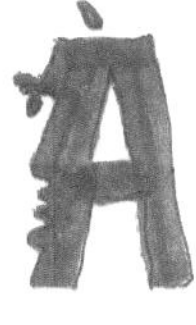À la veille de la guerre en Irak, Paris présente coup sur coup Picasso, Matisse, Chagall, de Staël, Modigliani. Une part de rêve dans un monde médiocre.

Cela dit, bien peu oseraient faire un tel battage pour des artistes vivants... Ceux morts au champ d'honneur de l'art font plus d'entrées au musée cimetière que ceux qui se battent encore au front. Grève du rêve... *L'Inaccessible étoile* aurait chanté Brel.

Je suis allé faire le pied de grue pour payer ma place, regarder, dans un musée bâti et entretenu avec de l'argent public, ce qui fut réalisé gratuitement pour tous... Monstrueuses files d'attente pour de pauvres petits regards volés à la va-vite sans possibilité de contempler pleinement un chef-d'œuvre. J'entends d'ici nos merveilleux critiques, la bouche pleine de mots savants entre deux canapés, au cocktail dînatoire de l'inauguration, où le commissaire de l'exposition parade... « Commissaire », quel mot pour s'occuper d'art ! Bien sûr, personne ne le verra dans la Galerie, au milieu de la foule qui arpente les salles.

De cette cohue tous sortiront en se disant « émerveillés », cherchant les louanges de circonstances... Je crois que le public sait intuitivement que tout cela n'a rien de satisfaisant. Il est impossible de regarder l'art de cette façon, inconcevable d'appréhender l'œuvre d'un peintre à la dérobée, poussé par ceux qui attendent. C'est Brel à nouveau qui revient en tête : *Au suivant !* C'est de la consommation : je-paie-je-vois-je-passe-à-autre-chose...

Je ne veux pas la mort des musées, je les voudrais itinérants, qu'ils se mettent enfin à la portée de ceux qui ont faim de beauté, nous tous. Comme le conteur venant au coin de votre âtre raconter son histoire qui vous transporte à mille lieues. Quels parents ont aujourd'hui les moyens de payer le voyage, l'hébergement et la visite à leur petite famille ?

On se contente d'« informer ». Et ceux qui ne pourront jamais contempler en sont réduits à lire les commentaires de gens qui ont choisi pour eux ce qu'il fallait qu'ils aient sous les yeux. Gentil peuple des mensonges sans couleurs.

Dans la file d'attente, j'ai le malheur d'ouvrir un journal. Un article parle de cet humble génie dont je vais essayer de contempler malgré tout les bonheurs accumulés : Chagall.

Vos mots, monsieur le chroniqueur artistique, ne conduisent qu'à l'écœurement, à une impossible approche de l'artiste dans sa simplicité nue. Qui peut entendre votre discours alambiqué ? S'il y a une file d'attente devant Chagall, ce n'est certes pas grâce à vous : c'est à peine si je peux comprendre les articles et les conjonctions dans votre salmigondis pédant.

Je n'ai pu aller au bout de l'article... Je n'ose imaginer le public tentant de faire la relation entre pareille écriture et la peinture de Chagall... C'est la chronique d'un échec annoncé et, bien pire, l'assassinat de l'œuvre et du regard porté sur elle.

L'essentiel est que Chagall nous laisse avec le rêve de sa propre vision du monde.

Il est un enfant pieux qui refuse d'assumer la misère de ce monde dont il ne veut voir, malgré tout, que les stridences colorées.

Chagall décrié, insulté, traité comme un élève... Il voulait apporter un message de joie et de bonheur et il le fit si bien que quelques-uns lui jetèrent la pierre, voulant réduire son travail d'enfant rêveur à je ne sais quel « conceptuel » discours. Si les peintres de toutes les époques, de toutes les inspirations, ont en commun quelque chose, c'est bien qu'aucun ne fait œuvre pour ces discours suffisants. La peinture n'est jamais passible de procès, fût-il d'intention. Il suffit, encore et encore, de simplement regarder : « J'aime » ou « Je n'aime pas. »

Chagall a ce don génial d'être immédiatement un artiste, avec son métier. Sa foi dérange certains grincheux qui en ont une autre, mais lui ne veut rien imposer. Dans un rêve, il remerciera son dieu de lui avoir donné ce don.

Chagall va dessiner un monde, celui qu'il perçoit, mais ce n'est pas pour l'affirmer envers et contre tous. Il se veut avant tout, et seulement, un peintre. S'il se rapproche d'autres techniques – celle des artisans d'art par exemple – ce n'est que dans le but d'asseoir sa pratique, de consolider son savoir-faire. C'est comme cela qu'il va renouveler les techniques du vitrail.

Le Chagall coloriste, si fort en lui, ne le quittera jamais. Un éternel gosse joueur, heureux de respirer et de faire le plus beau métier du monde.

Mémoire

ouis Paul, mon mécène, mon ami, m'a raconté s'être vanté auprès d'une tribu de médecins branchés, avec lesquels il visitait une exposition parisienne, d'être l'heureux propriétaire d'une série de douze toiles fauves : Derain, Dufy, Marquet, Matisse... Pour leur clouer le bec, peut-être. J'ai un mois pour « créer » sa collection imaginaire, ses œuvres. Un aller-retour pour admirer l'exposition en question, au Grand Palais. Je veux y saisir, y sentir, le travail qui m'attend. Je m'attarde sous les voûtes métalliques, disséquant, analysant, m'approchant sous la couleur pour entendre la toile, comprendre ce que fit la main. Je reste ainsi un après-midi en « voyance analytique » : j'ai demandé à mes sens d'engranger dans mon subconscient le maximum de détails.

Si le train fonce pour mon retour vers Valence, mon esprit, lui, vagabonde, va et vient, puis se pose comme pour dire : « Je sais, alors reprenons des forces. »

Soudain, une question me vient, à propos de ces fameux médecins branchés à qui il a voulu en remontrer. J'appelle Louis Paul :

– Sont-ils capables de regarder ?

Sa réponse est immédiate, sans appel :

– La mémoire de ces gens est un tableur, pas un tableau. Ce ne sont pas des couleurs qui s'y affichent, mais un ensemble de chiffres. Celui-là vaut tant d'euros, cet autre tant, l'entrée m'a coûté tant... Ils ne se souviendront que de l'événement, pas du détail.

Il a raison, pour une bonne partie. Lors de la visite d'un musée, d'une expo, rares sont ceux qui sont capables de mémoriser les couleurs qu'ils y ont vues. D'abord, ils ont peu de temps à accorder à cette mémoire, et la visite est toujours tributaire d'un agenda, rarement du désir. Ensuite, les seuls référents pour asseoir cette mémoire sont les livres. Et la plupart des reproductions publiées sont médiocres, mal imprimées, sans respect pour le peintre et sa palette.

Retour devant l'ocre d'une toile, décor de la future pièce que je vais interpréter. J'anticipe mes joies... Les douleurs sont derrière moi.

Me voici à nouveau devant Collioure et ses environs. Je connais aujourd'hui toutes les couleurs et les formes qu'ont données les fauves à ce petit port.

Mais impossible d'être plus royalistes que ces rois-là. S'ils semblent « faciles », ils sont, dans le choix et la pose des couleurs, d'un complexe plus pesant qu'il n'y paraît.

Je ne sens pas s'ils ont apprêté leur support. Je vais me lancer dans la première toile sans avoir levé ce doute... Empathie ou divination ? Je suis dans le vrai : les toiles sont brutes.

Ma palette, chargée pour ne pas avoir à la reprendre en route, me presse de plonger dans ce monde non maîtrisable : l'œuvre de l'autre.

Plaisir et plaisir à nouveau d'étendre, de poser les couleurs avec richesse, largesse... Mille serpents ondulent devant mes yeux, le paysage devient « acte ». Moi, je suis l'autre, déjà. Un autre qui ne se fatigue aucunement, qui donne sa place à chaque couleur, avec le sourire. Elle devient montagne, toits, mer ou arbres. De petites taches qui rehaussent des masses plus larges. Les manques laissent des espaces démunis de peinture. Avec le temps – ou la patine – ils feront de très beaux ocres.

Combien de zéros les imbéciles mettront au chiffre de leur mémoire ?

Le temps

À propos de ces pans de toile laissés vierges et que le temps ocre, j'aimerais ici faire sentir la différence entre l'œuvre terminée – sa naissance au regard – et ce qu'elle va « devenir ».

Le plus bel exemple : *Les Roulottes* de Van Gogh.

Toutes les masses de couleurs, hormis le ciel et le sol, en haut et au bas de la toile, sont séparées par un manque. À sa création, cette œuvre n'avait pas les tons qu'elle offre aujourd'hui. Elle était plus lumineuse, et cette lumière soulignait les contrastes entre les couleurs primaires que Vincent avait utilisées.

Le temps, l'assèchement de la peinture, son oxydation, la pollution, le parcours même du tableau vont faire qu'il prendra, en plus de la patine, des couleurs inconscientes, qu'elles soient ou non désirées par son créateur. L'œuvre, en quelque sorte, se transcende sans l'intervention du peintre. Les fauves sont devenus lourds et chauds, alors qu'ils étaient sans doute bien plus près de l'éclat que du clair obscur !

Il faut donc aussi jouer de ce temps qui passe... Retrouver l'intention et non pas la seule sensation visuelle. Je m'applique, pour cette série de fauves, à mettre les « vraies » couleurs, celles dont parlent les observateurs de l'époque.

Merci au temps qui coule, mais mon Dieu que d'efforts, de travail, pour oublier son passage !

Est-ce qu'à mon tour j'écris l'une des pages tourmentées de l'histoire de l'art ? Je ne parle pas de la prétention de pouvoir passer d'un artiste à l'autre comme on change de chemise. Non.

Je ne maîtrise en rien mes dons, dons venus de qui d'ailleurs ? Du divin, de la nature, du hasard d'une histoire ? Je me laisse porter par ce désir enraciné dans chacune de mes fibres. Désir de souffrances, de douleurs, de bonheurs.

Je sais maintenant que c'est en ayant mal qu'on avance ; j'ai l'immense privilège de pouvoir choisir mes souffrances.

Tempête

Les désirs du copiste ressemblent parfois aux regards de l'enfant devant la vitrine du pâtissier lorsqu'en poche ne sonnent pas les écus...

Comment acquérir un Turner ? Lors d'un voyage anglais, je suis tombé amoureux de quelques-unes de ses œuvres. Comment, hormis le fugace plaisir d'un musée, contempler à loisir pareil travail ?

La Tempête... Cette toile lourde, noyée sous les gouttes en suspension, je la veux, je la désire : elle me fascine.

Aujourd'hui plus encore qu'hier, j'en ressens la démesure...

Face au tableau, je retrouve le fracas des événements que la nature nous impose parfois. Les éléments déchaînés nous rappellent notre fragile valeur de mortel.

Refaire *La Tempête*. Assis depuis plus d'une heure, je finis par poser les ouvrages que je compulse pour sa réalisation, elle est un mystère. À moi, si je veux être Turner, d'en trouver le sens et l'origine... Encore une fois, vais-je donner à l'artiste, et à son œuvre, leur sens véritable ?

Pas de pinceau. Un mélange rugueux de couleurs dans la main, je le pose à grands gestes, prend et passe sur la paume pour mieux sentir la toile du bout des doigts, empoigner le support, combattre avec lui, plus que contre lui. Je découvre de la violence. Oui, de la violence... Quoi de plus puissant que le déferlement des flots ? Que ces masses liquides furieuses ? Impossibles à maîtriser, les vagues s'entrechoquent, montent au ciel. Oser le fragile remorqueur. Quelques lignes dans le maelstrom. Détresse. Sa lumière fragile perce le monde hostile. Poignant. Espoir de vie.

En quelques heures, j'atteins la fatigue nécessaire qui seule permet le retour du geste posé. Plus calme, j'offre à mon tableau une pause méritée.

Il faut laisser à la peinture le temps de s'accrocher sur la rude trame de lin... Quitter Turner, conserver la gestuelle démesurée.

Je vais réaliser ensuite, pendant des heures, des glacis, des transparences, y revenir, encore et encore, à nouveau... Tout s'assemble sans que je ne sois vraiment capable de comprendre comment... derniers coups de tampon pour les ultimes gouttes...

Enfin, l'océan s'accroche au ciel.

Je peux alors prendre cet habituel recul qui me dégage, me sort de la bulle.

Je suis transporté à la *Tate Gallery* : mon Turner est devenu *le* Turner...

Quelle splendeur ! J'aimerais que chacun puisse la partager...

Parasites

Je n'ai guère envie de ménager les susceptibilités en publiant ces lignes. Au contraire, je profite largement de ces pages. Peut-être blesserai-je des amis ? Ceux qui me connaissent assez ne m'en voudront pas. Pour les autres, je me suis trompé sur leur « amitié ».

Même si j'entends, de mon vivant, quelque louange, je ne peux que grincer des dents tant je sens la friponnerie et la bassesse du « monde de l'art ».

Salons, expositions, vernissages. Je n'y vais jamais ou presque. Mais encore une fois, j'engage tous et toutes à fréquenter ces lieux, auxquels il faudrait ajouter galeries et surtout ateliers de peintres. Allez-y, poussez les portes, entrez, regardez...

Sans moi.

Cela peut paraître paradoxal, pour un passionné d'art qui ne cesse de demander qu'on montre la peinture, de ne pas se rendre dans les endroits où on l'expose... Je pourrais m'en tirer par une pirouette, et déclarer, par exemple, que mon sens de l'exagération m'en empêche ! La plupart de ceux qui me connaissent vous confirmeront que j'en fais trop...

Mais la vérité, c'est qu'au fond je déteste, de manière générale, tout ce qui s'agrège en groupes constitués au nom « d'intérêts communs » : les associations, les communautés, les confréries, les conglomérats et autres « petites masses » corporatistes me révulsent, tant elles finissent par ressembler à des sectes.

Mais de tous ces groupuscules, c'est sans conteste le milieu de l'art, de ma profession, qui me hérisse le plus. Tout y concourt : les discours, les langages, les attitudes, le jargon, tout cela baignant dans la vanité et le complexe de supériorité. Sans doute en va-t-il de même pour d'autres gens dans d'autres milieux ?

Le regard que je porte sur le monde de la peinture est en opposition complète avec le discours habituel de ce milieu. Ce qui me paraît clair et évident ne l'est pas en général pour le petit monde de l'art... J'ai fini par cesser de vouloir me justifier, d'expliquer mon comportement. L'une des raisons qui m'auront fait attendre longtemps avant d'écrire sans retenue.

Encore une fois, je ne parle pas des peintres. Même si certains d'entre eux jouent fort bien ce jeu de la mondanité. C'est toute cette masse indistincte de satellites qui gravite autour d'eux, si dense qu'on finit par ne plus voir la planète.

Tous ces gens qui ont des avis plein la bouche et à qui il faut expliquer de quel côté de la brosse se trouvent les poils...

Secret

Depuis des lustres, je crée une œuvre, avec intégrité, dans le respect absolu, indéfectible, des artistes peintres. Elle est dispersée chaque jour dans le monde.

Quelle force m'anime donc pour multiplier ces tableaux, parfois en grand nombre, tous strictement identiques ? Comment expliquer cette alchimie qui, sans réflexion aucune, me permet d'être capable de refaire un tableau dans le même temps que son auteur, avec la même palette, les mêmes tracés ? Garder mon rôle d'interprète à la recherche de l'absolu. Disparaître derrière le peintre que je copie, tant il est vrai que je ne me supporte pas avec mes « histoires d'artiste ». Je veux simplement être aussi beau que lui !

Est-ce parce que j'aime à ce point celui qui est réellement l'auteur de l'œuvre que je me sens pénétré de ses gestes ? Est-ce un savoir-faire qui me permet d'absorber le secret d'un savoir être ?

En toute humilité, je ne sais pas : je fais, je suis, je vis, et vais encore et encore vivre ainsi. Ce que je sais, en revanche, c'est que le droit à l'erreur ne m'est pas permis : infidélité vaudrait trahison...

Lin

La qualité de la toile est évidemment essentielle. D'abord pour la réalisation d'un tableau tout simplement, mais pour celle d'une copie conforme plus encore.

Les toiles des impressionnistes, les sacs postaux de Modigliani dans la dèche, les sacs de farine de Gauguin, les housses de matelas de la prison, tout cela ne vaut que par le lin qui les compose. On peut travailler, vieillir, tendre ce lin particulier qu'on ne trouve plus guère de nos jours.

Même s'il reste aisé de se le procurer.

Fut un temps où j'achetais mes toiles de lin... à la Poste. Un jour, plus de cinq cents sacs de transport de courrier acquis au rebut des PTT. On en trouve aussi aux puces ou au hasard de telle entreprise qui brasse des tonnes de correspondance. Il suffit finalement de guetter l'opportunité.

Mais mon fournisseur le plus régulier et le plus sympathique a été, pendant des années, mon facteur. Après avoir fini sa tournée, il posait son vélo contre le mur de mon atelier et allait se jeter un « jaune » au café de la place. Dans sa sacoche vide, un ou deux sacs dépassaient souvent. Je faisais alors mon petit prélèvement sur le patrimoine de l'État.

Je n'en suis pas fier.

Mais... il a bien dû se rendre compte que poser sa monture à cet endroit avait des conséquences sur le stock du bureau. Ça ne l'a jamais empêché de laisser dépasser le lin gris.

J'ai bien payé quelques « jaunes », à l'occasion, en toute amitié, et sans jamais parler de lin.

Combien de toiles « de maîtres », accrochées aux cimaises de tel ou tel musée, ont commencé leur carrière dans la sacoche de mon facteur ?

Exper(bê)tise

L'une de nos autres méthodes, pendant ma « période sombre » consistait à écouler des œuvres non signées. La toile sort du territoire, non identifiée, et trouve place dans une galerie ou chez un particulier. Et là, miracle, on retrouve du « matériel »... C'est-à-dire une série de papiers, attestations et autres documents officiels qui garantissent que ce tableau a été accroché dans telle exposition, dans le salon de monsieur Untel, a dormi à la cave de madame Machin. Ce parcours « attesté » accréditerait une éventuelle attribution à Derain, Manet, Utrillo... Sur la foi de ce « matériel », aussi faux que le tableau, un expert se déplace, regarde, juge et attribue le tableau à Derain, Manet, Utrillo... Dès lors, il n'est plus un enfant de père inconnu, et souvent il entre à nouveau sur le territoire, par la grande porte, cette fois...

Comme dans la vie en somme : fils de bagnard ou seigneur du Rhône, ce n'est qu'une question de porte. Il suffit d'entrer par la bonne, bien sûr...

Cette magouille s'appuie sur la manie qu'ont les acquéreurs de ne s'intéresser qu'à l'avis « éclairé » des experts. Travers facilement exploitable : ayez un expert dans la manche et c'est gagné. Deux experts et vous vendriez un monochrome de Klein pour un David...

Or, rien de plus facile que de piéger un expert. Au fait, comment le devient-on ? Connaissez-vous une école qui préparerait au diplôme sévère « d'expertise d'art » ? Pas moi... L'expert est un monsieur qui, dans le meilleur des cas, du haut de ses études d'histoire de l'art, sait reconnaître un fauteuil Napoléon III d'une commode Louis XV. Il est bien mis, parle haut et sait ce qu'il veut : arrondir son compte en banque. Après quelques ventes réussies, quelques « expertises » brillantes, il entre dans une galerie, regarde une toile, adopte la mine docte de sa fonction et déclare les sourcils froncés :

– C'est un Picasso ou je ne m'y connais pas...

Une fois l'œuvre « authentifiée », il ne voudra plus jamais en parler... Silence en contrepartie duquel il accepte de ne plus douter.

Je souris de voir ressortir régulièrement un dessin « authentique » de Paul Gauguin... exécuté par moi. Je l'ai signalé une fois lors d'une vente prestigieuse organisée par un commissaire-priseur expert renommé. Il ne contesta jamais quoi que ce soit, ni dans un sens ni dans l'autre : il avait rendu son verdict.

Pour une émission de télévision, j'ai fait présenter à un expert trois œuvres dont deux étaient annoncées fausses. Sans la moindre hésitation, le fin connaisseur a identifié sans sourciller la seule œuvre véritable à ses yeux. Seulement voilà, les trois étaient de moi...

Bon, c'était un piège, devant des caméras, sans la batterie de tests dont aiment à s'entourer les « spécialistes ». Tout cela est vrai, mais que lui aurait-il coûté d'être humble ? Conclure simplement « Vous savez, c'est difficile, je ne sais pas ».

Moche

Je garde de mon père les colères pour l'injustice. Je veux conserver ce·regard acide sur les incohérences de nos sociétés. Je ne peux pas rester indifférent devant le moche du monde...

Même si je connais mon impuissance...

Faussaire et demi

Il n'est pas que des faussaires de l'ombre. Gauguin n'a-t-il pas commencé comme ça ? Après tout, son premier tableau, c'est l'*Olympia* de Manet... Peut-être même celui qui est à Orsay...

Maître Roger Hauert, avocat de Jeanne Modigliani, ne savait que dire de Modi, si ce n'est qu'il était *l'un des peintres les plus copiés*. Le marchand d'art Zboboronski, par exemple, fit fabriquer par Soutine et Kisling bien des Modi.

J'ai réalisé quelquefois des copies de ces faux. Facile alors de redevenir le Alin faussaire.

Collectionneur

ne affaire de faux tableaux éclate aux États-Unis : elle fait couler plus d'encre qu'il n'y a de peinture sur ses toiles... La veuve Marquet a commencé à mettre le feu aux poudres. Était-elle la mieux placée, l'histoire jugera...

L'arrogance de Fernand ajoute l'huile nécessaire au feu, au point de provoquer quelques inimitiés, voire de la haine parmi les enquêteurs. Les médias aussi se déchaînent, considérant qu'il a lésé le marché français de la peinture, en rendant douteuses de nombreuses œuvres. Lui répond toujours par la même réplique : « Je m'en remets aux experts... Moi, je ne le suis pas ! »

N'étant en rien concerné par les battages médiatiques qui s'offusquent des méthodes du « marché de l'art », je continue ma besogne : Dufy, Chagall, Matisse,

Marquet, Vuillard et Modigliani. Plus quelques mines de plomb : du Gauguin surtout, facile à imiter dans des esquisses qui, toutes quasiment, ont été authentifiées par la suite...

Boulet

J'ai conscience de n'être pas le mieux placé pour hurler contre les loups : j'en fus un, et pas des plus recommandables.

Faute avouée est à moitié pardonnée ? Éh bien, non... Sincèrement, non.

Même si, depuis trente ans, je m'efforce de corriger toute mon existence par mon travail, par une conduite d'ascète de l'art, je sais que je traîne un énorme boulet.

Est-ce l'une des causes de ma volonté de donner du beau, de semer l'amour de l'art ?

Plénitude

L'un de mes clients, qui est aussi mon avocat, me fait savoir qu'il me faudra revêtir la pelisse du vieux maître pour *La Pie*.

Monet est un peintre de lumière et de couleurs. Il a toujours affirmé qu'il devait ses qualités à Eugène Boudin qui avait remarqué son talent et en fit son élève. À mes débuts, j'ai souvent travaillé sur l'œuvre du Maître de Giverny. Et toujours, j'ai ressenti son acharnement à peindre beaucoup et bien, son profond désir d'approcher au plus près ce qu'il voulait atteindre. *De traverser le miroir de la réalité*, disait Proust.

Pendant l'exécution de certaines de ses meilleures toiles, il est à la fois Turner et Boudin, physique et cérébral, violent et serein. Les sensations que je perçois, de force, de franchise, sont de plus en plus nettes au fur et à mesure que l'on s'approche de la fin de son œuvre.

Je vais le vivre plus intensément – comme lui – avec la série des *Nymphéas*. Alors, les émotions qu'il soulève deviennent terriblement fortes. Je sens aussi la plénitude, le respect que l'artiste a acquis pour son travail.

C'est le cas visiblement pour cette *Pie*, que je n'avais jamais peinte. Je suis animé d'un violent désir, comme à chaque « première fois », en amour ou en peinture. C'est d'ailleurs la même chose, le même bonheur d'avancer en terre inconnue, de caresser la beauté avec la joie de la découverte, avec la surprise annoncée de découvrir la perfection. Je suis un comédien tout neuf, dans un rôle tout neuf. Un puceau au pied du lit.

Le tableau est si connu que le génie qui en émane, qui transparaît dans cette lumière d'hiver éclatante, en a été banalisé. Quelle poésie pourtant ! Quelle réussite que cette petite tache noire et blanche dans cette immense toile, rectangle blanc aux multiples reflets bleus ! Le blanc étant une fausse couleur, je sais combien il me sera difficile de faire ressortir l'oiseau. Il ne m'apparaît pas utile de chercher les motivations du peintre devant sa toile, il n'y a pas de peur ici. Juste l'assurance du plaisir. Une fois les grandes masses blanches posées, ma main caresse la toile presque vierge. Je la sens si douce. Une maîtresse sublime et alanguie. La palette s'épuise complaisamment, m'offre quelques ombres pour finir, donner une sensation de ouaté. Je vole, je plane, j'estompe, je pose en quelques gestes précis ma pie...

C'est fini. Recul, regards. Éternelle rencontre de l'âme et de la chair. Pas un seul instant, je ne me suis posé de questions sur le peintre et sa toile : j'ai été Monet pendant quelques heures, Monet regardant sa pie, épousant son tableau...

C'était bon.

Par-dessus tout, il est une chose qui m'enchante chez Monet. Lui qui est considéré comme le « père » de l'impressionnisme, le fondateur d'une école, va professer à la fin de sa vie, alors qu'il est au sommet de son art, le profond mépris dans lequel il tient toutes les théorisations de la peinture.

Il ne peint plus que ce qu'il voit, et seulement de la façon dont il le voit.

Main sûre.

Regard unique.

Énergie

Comment faire comprendre aux spectateurs de mes œuvres copiées que je ne maîtrise rien ?

Il y a des formules, bien sûr. Mais elles ne disent rien. Don de Dieu ? Part de génie ?

Sous l'apparente facilité, une chose est certaine : la dépense psychique et physique est… colossale !

Génie

’est Legros qui déclarait que l’épithète « génial » devait être réservée aux faussaires. Le génie est trop rare pour en faire un tel abus, mais il voulait convaincre par là que seuls les faussaires « géniaux » parvenaient à faire illusion. Il n’avait pas complètement tort, les faussaires, comme les copistes conformes, le sont au sens où le seul fait de copier le génie de manière qu’on s’y méprenne le leur fait toucher du doigt.

Fernand avait quant à lui une autre forme de « génie » : la rapidité avec laquelle il comprit le système, ses faiblesses et la manière d’en tirer parti pour faire fortune. S’il n’avait eu dans son entourage quelques brebis galeuses, nombre de ses combines mises au point dans les années soixante-dix auraient encore cours aujourd’hui...

Désormais, tout cet artisanat a été remplacé, dans la plus totale légalité, par les fausses ventes, les fausses cotes, les prétendues expertises... Il m'arrive d'avoir envie de jeter quelques pavés dans la mare.

À la fin des années soixante et au début des années soixante-dix, l'avidité était telle que le marché a été littéralement inondé, en petits formats, notamment. Mais pas seulement. Après les scandales, les démantèlements de réseau, les campagnes de presse, les choses se sont tassées et les collections faramineuses se sont faites plus discrètes. Mais les toiles existent toujours. Trente ans plus tard, elles ressortent, ici et là, auréolés d'une authenticité dûment expertisée.

On lit de ces « miracles » de temps à autre dans les gazettes : *Une toile oubliée de Derain a été redécouverte dans un grenier de Trifouillis-les-oies. Cette* Vue de Collioure *est estimée par un expert à la coquette somme de...* Est-elle belle, cette toile ? On ne sait pas, mais on sait qu'elle vaut tant... Dans quel musée va-t-elle atterrir, une fois vendue, léguée, certifiée deux ou trois fois ?

Lors d'un séjour en Suisse, j'ai vu au moins trois de mes « tableaux ». J'ai découvert, il n'y a pas si longtemps, qu'à Oslo, dans un musée où trônent Munch et Delaunay, il y a quelques-unes des toiles que j'ai réalisées avec le plus de passion. Je ne préciserai pas lesquelles, bien entendu. Comment ces tableaux ont-ils été « authentifiés » ? Quel expert marron, quel conservateur avide de gonfler ses collections, quel « matériel » signé par quels héritiers ?

Quelles successions se sont vues soudain « dotées » ? Quelles donations ont été généreusement faites, et à qui ?

Il me vient un sourire lorsqu'en traversant un pays je songe à ses musées... Ai-je quelque chose de moi sur leurs murs ? Oh, je ne prétends pas être pendu à toutes les cimaises de tous les musées, mais quatre mille cinq cents copies réalisées, quand même, il faut bien qu'elles soient quelque part...

À vue de nez, je dois être l'un des peintres les plus accrochés aux États-Unis !

Miroir

Aujourd'hui, nulle envie de planter mon chevalet au Louvre pour y travailler. Je préfère l'ambiance de mon atelier où je peux refaire l'œuvre dans sa vraie dimension.

La copie au Louvre, aujourd'hui, c'est deux constats : le matériau ne correspond plus du tout à celui que les peintres copiés utilisaient ; et on modifie les formats... Il n'y a plus de copistes au Louvre, juste des gens capables de reproduire une œuvre.

La copie perd ses anciens titres de noblesse, acquis dans ces mêmes murs.

Moi je veux, pour les impressionnistes et eux en particulier, réussir mieux que du « conforme ». Je veux être au plus près de l'artiste, de ses états d'âme. Être lui techniquement, sentimentalement.

Pourquoi cette tendresse passionnelle pour Van Gogh, Gauguin ou Modigliani ? Sans doute parce que leur vie est un miroir de la mienne, à moins que ce ne soit l'inverse. Ils sont attachés à ce que l'homme soit dépassé par l'événement, par le résultat réel et non par son désir...

Lorsque j'entre dans le travail de Nicolas de Staël, je ne fais que regretter son absence...
Combien de Nicolas de Staël sont devenus des produits exploités par les marchands ? J'ai grand mal à m'exprimer lorsque l'injustice et la petitesse vont jusqu'à entraîner la mort de l'artiste.

J'aime m'approcher de tes œuvres, j'aime pénétrer ta décision, je la sens si intimement, aussi fort que pour Van Gogh, comme le cri d'impuissance d'un enfant martyr. De mon travail sur ton œuvre, je retiens le doux plaisir des masses, du chant de tes couleurs, des mouvements humains, de toute la richesse novatrice de ton œuvre amputée par quelques imbéciles impuissants.

J'entre pour la troisième fois à cette visite de l'œuvre de Nicolas de Staël. J'ai participé à l'attente, vécu l'incivisme des visiteurs pressés, avides souvent de parcourir les salles pour pouvoir dire : « J'y étais ». Alors, doucement, j'explique autour de moi combien un mot écrit par le peintre à son galeriste me bouleverse :

J'ai la grossièreté de vous demander un peu d'argent.

Cette douleur de l'artiste en train de quémander, je la prends en pleine figure, comme une gifle ! Une page de moins à vivre, un pas de plus vers cette mort inéluctable.

Nicolas de Staël termine sa course pour une ligne qui ressemble à un poteau d'exécution...

Même si le « monde de l'art » va en avoir une apoplexie, la mort de Bernard Loiseau – que je pleure comme un artiste véritable – me ramène à celle de Nicolas de Staël.

Ce papier d'un critique culinaire sans doute.

Le voilà monté sur ses grands chevaux : *Nous travaillions ensemble, nous ne pouvons vivre les uns sans les autres...*

Éh non, monseigneur, vous n'êtes qu'une pièce rapportée, un parasite accroché au dos du bourricot qui, lui, trime... Les grands, les plus grands artistes n'ont jamais eu besoin de vous. La seule action réelle que vous ayez jamais eue, c'est de retarder la reconnaissance publique de leur travail. Non seulement vous n'êtes pas indispensable, mais vous êtes nuisible. Avec quelle facilité jugez-vous sans jamais avoir été ? Qui vous en accorde le droit ? Qui vous octroie ce facile, ces agressions, ce trait de plume sur la vie d'un créateur ? Au nom du paraître, les incapables jugent le génie.

« Nicolas ? Sa dernière exposition est décevante... »

« Bernard ? Enlevons-lui une toque... »

Crétins.

Vous aimez ? Dites-le avec passion.

Vous n'aimez pas ? Taisez-vous avec humilité.

Discours

Une conversation à côté de moi. Au *Flore*. Qu'est-ce que je viens faire là, aussi ? Un psychiatre discourt à propos de *la fabrique du beau ou l'interprétation « maladive » de la création*.

Je vous jure, c'est ce qu'il a dit.

Voilà un monde qui jamais n'a été celui des peintres. Comment écouter parler les autres, ceux qui jamais ne font de couleurs... Que savent-ils ? Regarder un tube, sur lequel il est écrit « jaune », « bleu »... De quelle réalité parlez-vous, messieurs ?

Du haut de ce que vous n'avez jamais pu faire, il vous faut défaire ce que d'autres payèrent parfois au prix de leur sang, de leur vie ? Je suis fatigué de lire les écrits, d'entendre les discours, de ces pseudo-médecins de l'art, pseudo-médecins de l'âme.

J'ai seulement envie d'être le témoin de ce moment qui ne se raconte pas : l'inspiration, la grâce. C'est là qu'est l'âme.

Alors, je copie, je copie pour être certain de ne jamais me tromper.

Certitude

allait-il payer ce prix pour être ce que je suis ? Pas de réponse, évidemment. Juste la certitude de devoir continuer. Je ne suis pas un exemple, surtout pas. Seulement un homme véritable. Comme disait Gauguin :

Ne gâche pas tes couleurs : si tu veux vermillon, mets vermillon !

Autodafé

Je quitte une femme.

Je pars, dépité d'un échec qui a pourtant duré quatre ans. Deux mois plus tard, refusant toujours de me rendre la vingtaine de tableaux qu'elle possède encore, elle m'annonce ses fiançailles. Je lui écris que cette nouvelle me fait la joie d'un deuil. Sur la foi de cette lettre, la gendarmerie me convoque pour avoir proféré des menaces de mort. J'explique au gendarme qui me reçoit ce qu'il en est vraiment, et l'affaire se règle.

Mais je veux toujours mes tableaux. S'il en est un qui est bien le sien, les autres sont à moi. Il y a *Le Cheval blanc* de Gauguin, que j'ai peint aux Marquises. Il y a aussi un Alin dont je sais que je ne parviendrai jamais à le refaire. Ironie cruelle : je ne sais pas copier mes propres toiles. Je suis sûr qu'elle les a gardées, elle veut les revendre.

J'engage donc une procédure. Je veux mes tableaux. C'est tout.

On me répond qu'ils ont été détruits. Ce n'est pas vrai, c'est impossible : on ne peut pas faire ça à un homme. « Non, vous dis-je, elle les garde pour spéculer, j'ai déjà vu faire ça des dizaines de fois. Elle-même est artiste, elle sait ce que représente une toile. C'est impossible. »

Le gendarme enquête, cherche. Et il découvre. La déposition du père de cette femme raconte l'indicible :

Les tableaux d'Alin étaient dangereux pour l'équilibre de ma fille. Je les ai brûlés.

J'en ai mal encore. Brûlés.

Je n'ai que faire de savoir que cette brute moralisatrice et stupide soit témoin de Jéhovah, mais l'acte dit assez son intégrisme. Rien, jamais, ne pouvait m'atteindre plus. L'écrire même me déchire : *brûlés.*

Brûler l'art. Mettre le feu à un tableau, gratter l'allumette pour enflammer ma propre chair. « Dangereux »... Qui est dangereux, celui qui peint ou celui qui boute le feu ?

Torquemada brûle les rousses parce qu'elles sont des sorcières. Hitler brûle les rouquines pulpeuses de Klimt parce que c'est décadent. Les *Taliban* détruisent les bouddhas de pierre à coup de missiles parce que c'est hérétique...

Brûlé, on m'a brûlé.

Mona Lisa

rrêt au Louvre devant *La Joconde*...
Un mythe auquel tous les discours s'adaptent, tant il est facile, devant les mystères, de raconter ses propres fantasmes.

Léonard de Vinci réalisa un portrait, comme l'on en faisait à l'époque. Aujourd'hui, ce serait une photographie de studio. *Harcourt*, si nous étions dans les années cinquante...

Je ne crois pas au calcul « céleste », aux messages pour l'éternité et les spectateurs... Avant sa mort, ce tableau était son compagnon, il ne le quittait jamais. Passion du peintre pour quelque interdit ou secret oublié ? Passion amoureuse simplement ? Ou *satisfecit* d'un artiste pour son travail ? Je n'ose aucune hypothèse.

Le mythe est au-delà de la qualité de l'œuvre.

Comme tous les peintres, j'ai eu envie de copier cette toile... Enfin, ce bois.

Avec une application méticuleuse, je l'ai fait. Aucune sensation, juste un regard égocentrique.

Comme lui ?

Planque

En ce mois d'avril, écrivant ce livre, je tombe sur une affiche qui annonce l'exposition des collections de Jean Planque. Un amateur d'art extrêmement contesté quant à la provenance et à l'authenticité des œuvres qu'il a rassemblées.

Suis-je au nombre des faussaires ?

Ni juge ni expert, je suis allé visiter cette exposition médiatisée... Elle compte de très belles toiles. Certaines sont contestables, en effet. Mais je voudrais laisser au public le soin de choisir, de reconnaître la vérité.

Quelle importance, lorsque la beauté, l'émotion triomphent ?

Si le temps n'assagit pas mon regard, il m'autorise peu à peu le silence. Je sais que, d'une certaine manière, je deviens complice de forfaitures dont j'ai été autrefois l'acteur sans conscience...

Mais au fond, quelles que soient leurs motivations, les artistes offrent tous une part de rêve à l'humanité. À elle de choisir celle qui lui convient.

Sans jamais oublier l'offrande...

Cupidité

Il est plus merveilleux pour moi de souffrir à être
Van Gogh que de savoir, si j'en faisais un faux, ce
qu'il me rapporterait.

Trucs

ue nous parle-t-on d'experts « scientifiques » ?
On ne peut pas dater un oxyde métallique.
Or, la plupart des couleurs sont à base d'oxyde
depuis des siècles.

Je passais, à l'époque de Fernand, plus de temps aux travaux de patine qu'à la réalisation. En y repensant, la « batterie de tests » des experts me fait sourire. Je m'attachais par exemple à contrecarrer les épreuves chimiques de datation. Le carbone 14 n'est pas, et n'a jamais été, l'outil précis que l'on imagine.

On réalise, mettons, un Boucher sur un lin de 1850, avec des tubes de peinture du même âge, trouvés aux puces de Saint-Ouen (plus facile à acheter qu'à reproduire). Une fois réalisé, il suffit de tremper ce tableau dont les matériaux sont déjà centenaires dans une préparation à base de bitume de Judée pour avoir une pigmentation qui double leur datation. Ma méthode, à ce jour, n'est toujours pas identifiable.

On peut aussi poncer des toiles provenant de vols d'église, récupérer la poussière produite et la diluer. On obtient, par décantation, un liant qui fait prendre un siècle aux couleurs, indétectable par les meilleurs experts. Au passage, on s'économise une fausse patine.

Séduction

Émotions matinales : assis dans un petit café du Sentier, je regarde fasciné l'une des *Jeunes filles aux fruits rouges*, elle est là, devant moi... le noir geai des cheveux, la moue légère, les sourcils froncés, bien dessinés ; j'ai envie de me lever, de la toucher pour voir mon rêve devenir réalité.

Je vais revenir dans ce petit bar, il me faut lui parler de mes peintures... pas de hasard !

J'ai, sur mon chemin de faussaire, passé quelques heures à être Dufy le mal-aimé. Le plus haï, peut-être. Il lui faudra croiser Matisse pour rejoindre les fauves. Matisse qui le traitait d'*escroc conscient*, tant son œuvre prendra successivement les couleurs et les formes des Boudin, Monet, Manet, etc. C'est sans doute le seul peintre qui déclinait presque à l'infini une même veine – chevaux, régates, concerts – au point de lasser le public.

Doux plaisir d'aquarelle rapide sur des feuilles très détrempées. Contrairement à l'apparence et à la réputation, ce qui paraissait futile était sans aucun doute, un véritable bonheur de peindre. Un plaisir simple qui n'avait pas échappé à Fernand Legros, qui sut le faire fructifier. Dans tous les salons bourgeois d'Amérique du Nord, trône au moins un Dufy.

Chacune de mes copies de lui me laisse le goût d'un autre peintre au bout des doigts... Je passerai de Matisse à Cézanne. Le travail est si proche parfois qu'il est difficile de faire la différence. Le mot « plagiat » va souvent me venir à l'esprit.

Plagier, c'est faire du Dufy.

Cabaret

endant la préparation de ce qui va devenir mon
« périple Gauguin », une société de production
parisienne me propose de transformer une
chapelle en un bouge 1900, façon cabaret, pour les
besoins d'un film. J'accepte en me souvenant de cette
nuit arrosée pendant laquelle j'ai peint un établissement
public à la façon de Lautrec.

La fresque fera dix-sept mètres de long pour huit
de haut. J'ai carte blanche, deux ouvriers pour m'aider
au déplacement du matériel... mais je n'ai que quinze
jours. Et je décide de ne pas venir la première semaine :
je sens qu'il me faut d'abord me « conditionner ».

Lorsqu'enfin j'arrive, je fais la connaissance des
décorateurs de plateaux. Bien sûr, le provincial que je
suis est toisé : seuls les gens de la capitale savent, c'est

bien connu... Sourires ironiques quant à mes intentions, et surtout quant aux délais... J'ai beau leur expliquer qu'en une semaine de cogitations, j'ai déjà fait plus de la moitié du travail, peine perdue. Je laisse courir, mais exige de ne travailler que de nuit. Je n'ai pas envie d'avoir ces prétentieux dans les pattes.

Des échafaudages vont me permettre d'œuvrer sans trop de difficulté. Je pose mes tubes, mes brosses et mes flacons de térébenthine dans un coin. Mes Parisiens jettent un œil narquois sur mon matériel dérisoire, au regard de la surface à peindre...

Vous pouvez ironiser ! Moi, je sais avoir déjà terminé mon travail : il me suffit simplement de le commencer.

Attendant le départ de la troupe, je découvre les habitants ordinaires des lieux. Je suis dans la chapelle de la Fondation Dalvasto, à Saint-Antoine-de-l'Abbaye... C'est un lieu de paix et de méditation. Curieux choix des réalisateurs : faire d'un lieu de prière un lupanar !

Laurence, ma compagne, est à mes côtés. Elle sait agir, sans mots superflus, pour que j'entre, doucement, dans mon travail...

La première nuit, je passe cinq heures à esquisser et dessiner mes personnages. Ils seront comme vu d'une baie, plus grands que nature sur le premier plan pour finir comme une multitude éloignée... Il faut donner l'impression d'une foule bourgeoise d'époque sortant d'un lieu de débauche.

J'ai opté pour le mariage de mes peintres : Lautrec, Monet, Manet, Cézanne, Degas, Modigliani. Un hommage à ceux qui me laissent prendre leur peau. J'ai, comme à mon habitude, laissé mes fantômes prendre ma main, chacun des personnages devenant celui de son auteur.

L'aube arrive et je quitte les lieux, après un petit-déjeuner avec les véritables hôtes du lieu, qui commencent à regarder mon travail d'un air surpris.

Le soir, à mon retour, je sens peser regards et reproches... Je vais trop vite pour mes décorateurs et je ne respecte pas les horaires syndicaux ! Rapide mise au point :

— J'ai un travail à exécuter, je vais le faire. Voilà tout. Suivez si vous pouvez...

Le débat est clos et je me suis fait quelques « amis » de plus.

J'attends le départ de mes « confrères » et attaque l'œuvre monumentale. Six heures plus tard, c'est Laurence qui m'invite à descendre de l'échafaudage... Il n'y a plus de peinture sur les palettes, plus de térébenthine, plus de «jus » surtout : je suis lessivé.

Je prends quelques mètres de recul, extraordinaires images que je n'ai pu voir naître, comme au-dehors de moi-même. Plaqué contre ma fresque, je me suis attardé sur chacun des personnages, le nez dessus.

Je vois maintenant le travail dans son ensemble : dix toiles mêlées de maîtres différents. Seul point commun, je n'ai utilisé qu'une technique d'aplats, grands ou petits. Le travail effectué me fascine : je n'ai pas pu faire une chose pareille. Qui donc guide mes mains, mes yeux, qui gère cet inconscient ? Qu'importe...

Le troisième soir annonce la fin proche de ma partie. Les décorateurs « rament » pour être dans les temps, car ils doivent finir les colonnes en staff pour le lendemain. Aucun reproche, les doutes sont levés, le respect de mon travail est établi.

Je vais terminer la fresque ce troisième jour. Épuisé, assis en vrac au fond de la pièce, je regarde : incompréhensible, la lumière est là où elle doit être, les personnages bougent, les visages sont expressifs... rien ne manque. Comment expliquer cela ?

Je suis repu de peinture, pressé d'aller dormir. J'ai de terribles migraines, les apnées pendant l'exécution de l'œuvre sont aussi douloureuses que celles de Van Gogh. Je connais les douleurs de pareils instants : sur cinq heures de peinture, je/il ne respirons que pendant environ deux heures, transcendés.

Une constatation qui conforte mon opinion sur la pseudo folie de Vincent. Elle s'explique par un fait tout simple : ces apnées conduisent à de très graves lésions et céphalées.

Demain, je ferai les colonnes, plaisirs sensuels, inventer un corps, le rendre mystérieux, le voiler pour mieux le sentir... Le soir me voit ainsi, en train de créer douze merveilleuses créatures. J'ai choisi un travail semblable à celui de Mucha : femmes vaporeuses, corps sculpturaux et rondeurs soulignées sous les transparences.

Quatre heures du matin, sœur Hirondelle, responsable de la Fondation, s'approche et, comme à chaque nuit, m'offre son pain aux olives encore tout chaud.

– Cher Alin, il n'est pas trop dans nos habitudes de contempler pareilles... euh, créatures, mais je dois reconnaître qu'elles sont très belles.

Le compliment me va droit au cœur. L'innocence du regard est toujours un cadeau. Je mange le pain avec gourmandise, les yeux encore pleins de mes vaporeuses vestales.

Je termine mon travail au quatrième jour. Un coup de patine pour finir, comme les bas-reliefs romains abîmés par les ans. De l'eau mélangée à de la boue pour préparer le fond, des brisures sur chacune des faces : je vais réaliser en quelques heures ce que l'outrage du temps met des siècles à patiner... Assis avec Laurence, je regarde mon travail. Je ne signe pas : un travail anonyme, impossible de savoir comment j'ai pu faire.

Le tournage du film nécessitant ma présence pour des raccords, je croise un homme de la nuit, un artiste au grand cœur : Richard Bohringer. Salutations, Richard...

Cette fresque est classée, aujourd'hui, comme la chapelle qui l'abrite. Elle est protégée par des rideaux, à moins que ces rideaux ne protègent les familiers du lieu des turpitudes qu'elle expose...

Il m'arrive parfois d'aller regarder ce qui n'est plus à moi, mais qui me fait être ce que je suis.

Les tournants d'une existence sont aussi dangereux que les virages d'un rallye sans fin. Malgré l'art, malgré l'amour du Beau. Je suis là, posé comme un bronze mal fondu à me demander si je suis encore sur la route de l'histoire ou si, par simple renoncement, je suis rentré dans le rang. Depuis trois mois, quelle que soit la forme d'expression, je suis au point zéro, incapable de faire un effort, incapable de retrouver les gestes et les couleurs d'une raison d'être. Pourtant, je n'oublie pas mon rôle : offrir des images, faire le rêve éveillé de ceux que je touche.

Quel alibi peut justifier ma fainéantise ?

Est-ce parce que je n'ai plus envie d'aimer que la violence des sentiments m'effraie ? Le regard que je porte sur les autres ressemble à celui que j'ai face à mon travail. Ma foi en l'art sera peut-être un véritable détonateur : il me faut absolument retrouver mes envies, mes joies ou mes colères devant la toile. Je suis en train de devenir une image « pieuse », moi qui voulais être le diable ! Premier doute du demi-siècle que je vais bientôt atteindre, pourvu qu'il soit aussi le dernier. J'ai trop envie de narguer le temps. Trop envie d'être à l'heure à un rendez-vous que personne ne m'a fixé.

C'est à mon frère que je dois ma rédemption. il a tout planifié. Peut-être même que je ferais des enfants à celle qui fut sa femme.

Quand il décide d'en finir, il sait que le choc fera de moi ce que je suis. Comme pour Vincent, ce n'est pas un geste de folie. C'est un constat. Lisant ses lettres alors que je me refais une santé à la prison du même nom, je sais qu'il veut mourir, je le comprends entre ses lignes. À ce moment, je découvre les lettres de Van Gogh à son frère Théo. J'y lis la même chose.

Je suis terrifié, déchiré, il me faut sortir, l'aider. Il sait que je ne peux pas. Que je ne pourrai pas même aller à son enterrement.

Quand ma mère vient m'annoncer ce que je sais déjà, je lui fais la promesse de continuer, il me l'a demandé. Mais les conneries, c'est fini. Je veux vivre, je veux peindre.

Je veux peindre mais ne le peux pas. On ne vous flanque pas à la Santé pour tenir des pinceaux. À mon autre frère que l'on accusait à tort de recel, un juge avait dit : « Sous d'autres latitudes, on vous couperait la main pour vous punir de vos actes ». Une fois en taule, il s'est lui-même tranché le poignet pour la lui envoyer, cette main. Fichue fierté des seigneurs du Rhône : on ne plie pas, si ça doit casser, ça cassera... Je ne pouvais pas peindre, alors je me suis tranché la gorge. Ils m'ont récupéré et je me suis retrouvé chez Bonaldi, le directeur de la prison.

– Je veux peindre. Donnez-moi des responsabilités, un travail, n'importe quoi. Mais laissez-moi peindre. Il me faut de la toile. De la toile à matelas, c'est parfait.

– Pourquoi ferais-je une chose pareille ?

– Parce que c'est fini, les conneries. Je ferai mon placard sans vous créer d'emmerdes. Jamais. Je veux vivre, je veux peindre. C'est tout.

Il m'a regardé, longuement.

– Je vous crois, Marthouret... Vous aurez votre toile. Un tableau par mois.

J'ai peint quatre cents toiles... Quand je suis parti, il y en avait une au-dessus de son bureau.

Copieur

Ma propre peinture est le fruit de mon évolution dans le monde de la copie, avec ce besoin irrépressible de peindre sous mon nom ce que les autres n'ont jamais fait.

J'attends à mon tour qu'un autre éprouve ce besoin incontrôlable de copier... mon œuvre.

J'aurais alors servi de maillon dans mon siècle.

Être copié ? Un hommage...

Cygne

Un voyage chez des amis suisses me plonge dans la folie du monde.

Les nazis ont brûlé le château de Menendorf. Les œuvres de Klimt y étaient accrochées. Perdues. L'amour incendié pour cause de décadence. Et soudain, forcément, je veux vaincre Hitler à ma manière. Le seul problème, mais il est de taille, est que nous ne possédons de certaines œuvres que des photographies contemporaines de leur réalisation, en noir et blanc. Comment trouver la palette ?

La chance s'en mêle : une série de clichés, du même photographe, témoignent de la naissance de *Léda*. Et un programme informatique particulièrement pointu permet, me dit-on, de reconstituer les couleurs en comparant les niveaux de gris, en les étalonnant sur les tons d'autres œuvres, miraculées. Miracle technologique.

Gucci, le couturier, veut une *Léda*. Il financera l'opération.

Ma palette ainsi trouvée, je peux affronter *Léda*. Merveilleuse sensation que de devenir le père « adoptif », je vais pouvoir gommer l'une des monstruosités nazies : j'incarne l'homme torturé que fut Klimt, mon inconscient fera le nécessaire pour transcender mes perceptions.

La connaissance profonde d'un peintre ne peut se faire, pour moi, sans la multiplication des copies de ses œuvres. Je vais donc, avant de m'attaquer à *Léda*, « revivre » *Danaé*, que je connais sur le bout des doigts, ou plutôt des ongles, puisque c'est ce que Klimt utilise pour marier l'or en feuille et la peinture, au point de réaliser un bijou plus qu'un tableau...

En m'efforçant de rendre à sa peau toute sa douceur, je veux désirer cette femme pour qu'elle n'en devienne que plus belle. Le fond, le décor du tableau, son décor, est un exercice difficile : une détrempe qui, mariée aux ors et laissant les violines prendre le dessus, illumine cette femme offerte. Quel homme de chair pourrait résister à l'envie de posséder une telle créature ? La longue chevelure plus auburn que rousse que j'aimerais prendre entre les doigts... La pigmentation froide de cette cuisse ronde, l'ombre des seins, je suis amoureux d'une toile, amoureux d'une image que je ne vais jamais toucher... Douce ivresse et grande fatigue, c'est la première fois que je me sens transpirer, que l'épuisement gagne mes doigts, mon bras, mes jambes.

Klimt a-t-il la force d'un Van Gogh ? Mon souffle ici aussi s'est bloqué, une sensation de désir aussi violente que pour Vincent. C'est décidé, je veux aller plus loin dans son travail. Sa *Léda* va me surprendre, ou du moins je la convoite ardemment.

Je me jette dans son univers, les toiles se succèdent dans un besoin inassouvi de peindre. Quelque chose me gêne, je ne sais pas encore ce que c'est, mais j'oublie le Alin râleur, qui piaffe et rage, et je l'exhorte à être plus ferme, plus lucide dans son raisonnement.

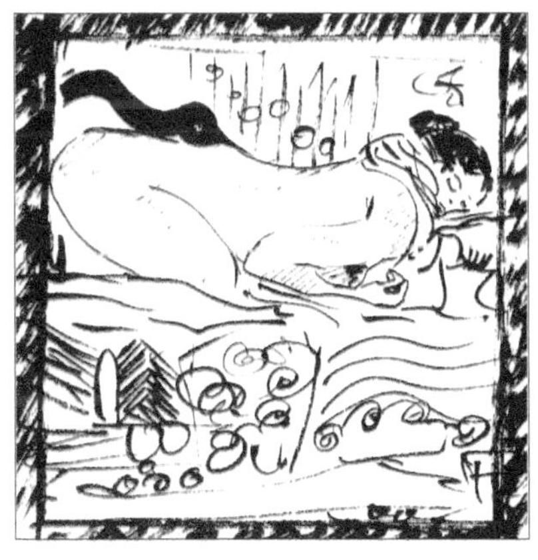

Merveilleux visages aux traits parfois masculins, plus désirables encore que les vrais. Devant le tableau, les couleurs demeurent impossibles à fixer. Tout semble bouger, toujours.

J'entreprends deux toiles toutes en longueur. Je suis heureux d'être maintenant aussi près de sa réalité. Quelques dessins encore. Dans sa gestuelle, le trait ne finit jamais, se prolonge au-delà de la toile, du carton, du papier pour venir s'inscrire dans la chair du peintre.

Me voici enfin prêt, par amour, à inventer à nouveau ce que l'histoire a détruit par haine. Mais je ne me sens nullement investi de quelque « mission sacrée »... Je ne ressens qu'un doux plaisir, par avance. Et des craintes : je ne suis pas parvenu vraiment à comprendre ce qui me gêne. Alors, comme toujours, je laisse faire ma main : elle commence par le corps, ce corps féminin si désirable... puis, encore une fois, je me laisse surprendre par le divin. Inutile de me poser des questions : je ne suis plus dans ma peau, l'impossible miracle se reproduit. Il n'y a pas d'explication, aucune. C'est comme ça, je suis Klimt. J'attends qu'il m'imprègne. Et *Léda*, possédée par le cygne noir, vient de renaître vierge, aussi vierge que sous les doigts de Klimt.

Moi, le petit paysan, je viens de rendre à Klimt ce que la folie des hommes lui avait volé. L'humanité a une nouvelle *Léda*. J'ai la certitude d'avoir été juste, de t'avoir, dans les formes et les couleurs, rendu la vie...

Tu me le feras savoir, plus tard.

Marché noir

es toiles de maîtres atteignant des prix exorbitants, il était une mode dans les années quarante : on découpait une toile, à condition qu'elle soit authentifiée, pour la revendre par petits morceaux.

Nouveau marché, nouvel attrait : les directeurs de galerie prospectaient pour retrouver dans les réserves, ici et là, les laissés-pour-compte réputés authentiques. La réhabilitation s'en venait pour les « seconds couteaux » et les « petits maîtres », voire les plus serviles plagiats. Combien de petits formats de Monet ou Degas furent ainsi mis en vente, par petits bouts ?

Mais bientôt, plus de réserves...

La guerre avait fait émerger quelques contrefacteurs doués qui s'étaient fait la main sur la fausse monnaie, les faux papiers... Des « héritages » à des parents « éloignés » vinrent garnir le marché... C'était le festin des faussaires et escrocs : il suffisait de valoriser ce qui ne « valait ‘» rien (les méthodes ne manquent pas pour les esprits mercantiles) et c'était le gros lot.

Comment « authentifier » ?

Galeristes et experts...

Cette grande époque fit aussi la pseudo-gloire de nos marchands... Vollard, entre autres. Les trafiquants tout frais sortis du marché noir de l'occupation commandaient pour des millions aux galeristes en toute confiance : les noms sonnaient bien, inutile d'y regarder de plus près. Les faux pullulaient.

Le réveil a été saumâtre. De célèbres collections en ont fait les frais.

Puis les choses se sont tassées. Avant de renaître dans les années soixante.

Éternel recommencement.

Albert

C'est un homme grand, usé par la vie. Il ressemble à un Omar Sharif qui devrait ses cernes à autre chose qu'aux cocktails du derby d'Epsom ou du Prix de l'Arc de Triomphe. Émigré arménien, fils du génocide, il s'est fait à la force du poignet.

C'est l'un des hommes les plus craints du Milieu. Il a la haute main sur Paris et sa banlieue. Si tu veux braquer une bijouterie à Pantin ou à Belleville, tu as intérêt à en causer d'abord à Albert. Sans doute l'un des derniers vrais caïds comme on en voit dans les films avec Gabin. Avant mes « grandes vacances », il a été mon mentor. Ou plutôt, j'ai été le fils qu'il n'avait pas eu. Je flambais alors, ou je brûlais la chandelle par les deux bouts, comme on voudra. Pareil qu'au cinéma : les filles faciles, les boîtes de nuit et les mallettes de billets dans les belles bagnoles américaines. Je ne voyais rien, je ne savais rien, j'avançais en bombant le torse.

Mais c'étaient les derniers feux de ce temps. La fin. Pour Albert aussi. Le Milieu règle ses comptes : les frappes tombent les unes après les autres. Il ne s'est pas laissé faire. Albert, ce n'est pas un tendre. C'est le début de la *French Connection*, la came est le produit roi...

Albert se range des voitures : la drogue, ce n'est pas pour lui.

Si je dois à quelqu'un d'être passé au travers de mes années de cabane sans trop de casse, c'est à lui. Son influence agissait aussi à l'intérieur des murs. Au nom du fait que j'étais le protégé d'Albert, les hommes rackettaient pour moi la toile à matelas dont j'avais besoin. Ce n'est pas le mètre mensuel que m'accordait Bonaldi qui pouvait satisfaire mon appétit dévorant.

Une toile par mois, tu parles ! J'en faisais une par jour ou presque. Quatre-cents toiles, deux-cents ou deux-cent-cinquante matelas à dépiauter... Il fallait bien les trouver.

J'ai revu le directeur de la Santé des années après :

– Vous saviez que je piquais des toiles à matelas ?

– Bien sûr...

– Mais pourquoi...

– Pourquoi je ne t'ai pas puni ? Bah... De toute façon tu ne m'aurais jamais dit comment tu te la procurais. Et puis, j'aime ta peinture.

Il y a des hommes qui sauvent tous les autres.

Merci.

Pulsion

Je ne copie pas superficiellement : je recrée de l'intérieur. Mon œil ne voit pas que le côté fini, la couche supérieure du tableau... non, je sens physiquement, de manière très palpable, comment a dû agir l'artiste, quelle couleur a jailli en premier sur la toile, quelle trajectoire a suivi le pinceau, quel rythme a scandé la composition. Ce n'est pas cérébral, c'est mon corps entier qui sait... Une force surgie des tripes m'anime, rayonnant au niveau du plexus... L'œuvre me « parle » et je la traduis directement en gestes, c'est quasiment du simultané... une transmission lumineuse, douloureuse, impérieuse. Il me faut répondre jusqu'au bout de mes forces... La fatigue, elle aussi, me guide, me préserve de l'excès. Elle offre la limite qui marque l'authenticité de la réalisation. Alors je sais que j'ai fini et une grande paix m'envahit.

Pratiquer

Au Salon du Livre, une dame veut à toute force me parler de son livre sur ce peintre qu'elle admire tant. Cédant à son insistance, j'ouvre son ouvrage au hasard.

– Vous ne peignez pas, madame.

– Non.

– Ça se voit...

Aucun désir de blesser. Juste de la lassitude devant ces mots sans cesse ressassés, remâchés. Sa passion n'est pas en cause, sans doute aime-t-elle d'amour ce peintre dont elle parle. Mais elle le fait avec les mots de l'analyse lus ici et là. On ne parle plus de peinture, on écrit sur les analyses faites auparavant, qui déjà répondaient à des expertises antérieures. Et, à aucun stade de cette chaîne, ces « historiens » de l'art n'ont empoigné une brosse, un pinceau... Le manque manifeste de connaissances techniques, le fait de n'avoir jamais pratiqué, ne donnent que de pauvres lignes.

Jusqu'à nombre de peintres qui, lorsqu'ils troquent le pinceau pour la plume, se piquent de mots et apportent aux moulins à paroles une eau croupie, abondant dans le sens général de l'intellectualisme de salon. Après tout, c'est vrai : pourquoi ne pas rassurer l'*intelligentsia* puisque c'est elle, par elle, que se « font » et se « défont » les artistes ?

Approcher les peintres, approcher la peinture serait un privilège réservé à des gens plus intelligents, plus cultivés, que les autres ?

Ils ont fini par réussir à vous le faire croire.

Arrangement

Une équipe de casseurs opère dans un musée. En dehors de quelques établissements emblématiques bardés de capteurs et de dispositifs d'alarme, on peut dérober sans violence bon nombre d'œuvres d'importance moyenne.

Ensuite, ça va tout seul. L'exemple qui me vient en tête passait par un contact qui travaillait dans l'industrie du luxe. On propose par son entremise à un acheteur, riche mais pas trop regardant, d'acquérir la toile volée pour un prix « modique ». Ce qu'il ne sait pas, c'est que, pendant les tractations, on réalise une copie de « sa » toile. L'original, lui, va être restitué aux assurances, moyennant - bien sûr - une « prime » à la découverte.

Au final, on gagne, si j'ose dire, sur les deux tableaux... On a vendu la toile, on a touché l'assurance et le musée retrouve son œuvre. Mais même si nul n'est dupe, le silence est d'or. L'assureur ne peut pas se vanter d'avoir traité avec les casseurs, l'acquéreur a tout intérêt à taire qu'il a acheté une toile volée...

Avec le temps, le faux tableau prendra la voie royale des œuvres exécutées en double : certificats, legs, authentification...

On a trouvé un Watteau dans un grenier de Trifouillis-les-oies...
Bien sûr.

Notables

Mon atelier est au-dessus d'un établissement public, dont j'ai entouré la salle d'une fresque à la manière de Lautrec...

J'ai voulu, un soir de fête, un peu saoul, donner à l'endroit la dimension d'un autre siècle... créant ainsi autour des tables une atmosphère de bistrot d'artistes. Une nuit, une seule, perché sur un tabouret, brosses dans la main gauche et palettes sur des plateaux de service, plus de vingt mètres de fresques, dans un état de transe que les vapeurs d'alcool m'empêchaient de gérer de manière rationnelle...

Je n'aurais jamais pu faire cela à jeun, curieusement.

Par dérision, j'ai donné à certains des personnages de ce bordel du XIXe siècle la tête de notables locaux.

La fresque leur a plu, avec modération...

Désir

J'ai l'âge où l'on traîne sur les bancs de l'école primaire, l'âge où les tablettes de chocolat offrent des images marron... Je les collectionne avec avidité. Elles vont devenir mon encyclopédie d'histoire de l'art. L'œuvre mondiale en brun et noir, le patrimoine de l'humanité en cacao.

Lolotte de Modigliani, maladroitement peinte sur un morceau de drap écru, va, pendant un demi-siècle, trôner au-dessus du bahut familial.

Une *Lolotte* qui, avec le temps, deviendra en somme une œuvre originale d'Alin. Premiers pas non prémédités sur la route de Modigliani. Qui alors aurait pu dire qu'un jour je troquerais ma mémoire contre la sienne ? Que je commencerais faussaire, puis deviendrais copiste pour finir peintre ? La passion veut-elle, comme prix du don, un tel parcours de souffrances, aux extrémités si opposées ?

Maudit Gliani... que quelques marchands spéculateurs vont « tuer ». Abolir l'homme, trucider le peintre.

Si, pour mon cher Van Gogh, je puise dans mes réserves psychiques, Modi va, lui, me faire roi d'amour, prince de Montparnasse, racolant les catins pour lui servir de modèles. Nul besoin d'aller chercher la détresse pour comprendre son approche picturale. Je me suis toujours senti terriblement proche de lui. Ce besoin de séduction, qu'il soit tourné vers les femmes ou la toile, est le mien autant que le sien. Je ne regarde jamais une toile de lui sans être en quelques secondes le Modi que j'aime.

La première évidence est que Modi ne peint pas : il sculpte. Trop diminué physiquement pour exercer l'art qu'il souhaite, il se rabat sur la peinture. Heureusement pour nous. Pas une seule toile de lui n'est, dans sa réalisation, autre chose que modelée dans la matière.

J'éprouve ce besoin de sculpter dès après avoir coloré les profils. Si peu de matière, tant d'émotions ! Son premier geste : un ovale pour le visage. L'ovale brisé d'une ligne cassée... Pourquoi donner un regard ? Pourquoi aller fausser l'œil ? Parce que la sculpture permet aux lignes de garder leur pouvoir de séduction... Les regards vous semblent tristes ? Est-ce de la tristesse ou encore le désir de séduire ?

J'aime, en peignant Modi, donner à la toile les

couleurs de la tendresse. La palette est rudimentaire, je le comprends dès le premier regard. Tout est intuitivement calculé, les traits sont interminables, coulés d'un seul geste, puis appuyés, travaillés dans leur matière même. La main glisse sans se heurter au moindre angle vif.

Modi, ta peinture est volume... Trois dimensions du haut en bas.

Quand Modi peint, c'est le sculpteur qui s'affirme. Le trait d'abord, la ligne pensée avec la matière qui la définit, creusée en quelque sorte. Alors c'est l'élégance, l'œuvre qui s'accomplit naturellement, avec la noblesse et l'intelligence du corps.

Modigliani, le nu couché !

Il m'est arrivé une fois d'être si pris par mon jeu de copiste, que par le simple regard sur l'œuvre, je suis entré dans une espèce de vécu non palpable. Le *Nu allongé*, dessiné depuis quelques jours et sur lequel je me suis arrêté simplement parce qu'il est beau, que le modèle a quelque chose de terriblement désirable... Le dessin par lui-même est d'un pur féminin : formes sculpturales, courbes ensorceleuses. Le visage dont ma brosse colore les angles, reste naïf et le regard demandeur, presque du désir... Le modèle regarde le peintre. Est-il amoureux, est-il désireux d'être femme avant tout ? J'avance dans ma structure, à dire vrai je plaque le visage, arrondis les épaules, prenant soin de donner fermeté et douceur à la poitrine... Mes sens en éveil, je n'ai pour modèle que mes références et des photos. Pourtant, je la vois, cette brune, j'ai envie de cesser de peindre pour aller la toucher... La poitrine se termine, à la taille de mes mains. Le regard est... demandeur, il défie l'homme. Je lâche mes brosses, je suis avec mon modèle... amoureux et merveilleux amant... Je n'ai plus de doute : mon Modi aussi laisse sa toile pour rejoindre le canapé... Je rêve que l'amant, c'est moi, à sa place...

Je dois reprendre mes pinceaux... Miracle de la mémoire : à partir de cet instant, la toile change, marque cet arrêt charnel, Modi ne travaille plus avec la même concentration, les coups de brosses sont plus faciles, moins soignés.

En finissant les courbes du bassin, je n'éprouve plus cette attirance. Je suis, il est, repus, fatigué peut-être. Il termine le délié généreux des cuisses avec une reconnaissance apaisée, ombre le pubis d'un geste caressant. Quelques masses sombres pour poser ce corps aimé dans un écrin, un espace presque flottant.

C'est fini.

Comment se termine une telle pose ? Quelles peuvent être les phrases échangées alors ?

Receleur

Aux plus belles heures des scandales provoqués par les outrances de Fernand Legros, les journalistes expliquèrent que, malgré tout, la France était l'un des pays les mieux protégés. Des hommes politiques déclarèrent que les services de la répression des fraudes étaient indignés par la quantité de fausses toiles que de nombreuses galeries mettaient en vente. Il y eut quelques tempêtes sur le plan international. Au Japon, le directeur du Musée d'Art fut limogé : on doutait de certains tableaux vendus par Fernand, lesquels pourtant avaient été fort appréciés par Malraux.

Pour ne pas décourager les amateurs, ni les uns ni les autres ne s'attaquèrent jamais aux marchands, de vrais ou de faux.

Rappelons pourtant que le marché du faussaire, à l'intérieur du marché de l'art, n'existe que par la valeur donnée aux œuvres. Cette valeur n'est fixée que par les experts qui font les cotes...

Pas de voleur sans receleur !

Images

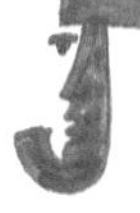Je viens de terminer un tournage pour la télévision où, sans avoir senti la présence des caméras, j'ai réalisé deux Van Gogh et un Gauguin.

Je visionne les rushs. Ils montrent mon visage défiguré par la passion de peindre, ma respiration sifflante, des gestes d'une grande violence contre moi-même, un peu comme si je voulais me faire redevenir Alin, celui que je maîtrise... Les dernières images me dénudent : c'est un homme amaigri, livide, aux traits tirés, aux mâchoires serrées, tétanisées, aux yeux brûlants, rouges d'avoir voulu penser et ne pas se tromper... Cela je le sais, même si je ne suis pas totalement conscient pendant l'exécution... Je ne peux être l'objet de mon mensonge... Qui donc m'anime ?

Nul n'est obligé de croire à mes « prises de personnalité », à mes angoisses, à mes souffrances lorsque je copie. Je veux seulement que l'on puisse regarder mon travail comme un hommage aux plus grands artistes de l'humanité.

Il y a quelques heures, j'ai quitté palettes et pinceaux, après m'être plongé pendant trois jours dans mon univers... Van Gogh est sur mon chevalet, *La Sieste* et ses lumières d'été, ses blés trop mûrs, plus beaux que dans la réalité... J'ai senti monter la mutation, lentement : j'ai trop longtemps été absent de sa demeure pour être lui à nouveau. Je dois accomplir le chemin habituel, quitter doucement le Alin d'aujourd'hui pour prendre les habits de Vincent. La solution demeure aussi celle que j'utilise pour écrire ces lignes : laisser mon imagination poser des couleurs et des formes pour faire du Alin. Afin de mieux me quitter pour devenir un autre.

Sexe

J'ai compris ce qui clochait avec Klimt.

Je me sens mal à l'aise dès que son homosexualité transparaît dans la toile. Là, je ne sais plus.

Je peux « faire », mais ce n'est pas « lui » ni « moi »...

Tout comme il ne m'a jamais été possible d'interpréter correctement le rôle d'*une* artiste peintre, de reprendre, de copier une œuvre de femme.

Non pas que je sois misogyne, ou homophobe mais cela m'est impossible.

Je suis un homme, hétérosexuel... et je ne peins bien que les œuvres des hommes, hétérosexuels...

D'une certaine manière, cela me rassure quant à la véracité de mon travail : être au plus près de l'auteur.

Si je garde un profond désir de prolonger l'aventure avec Klimt, elle m'entraîne fatalement dans un travail où la déchirure est telle que j'ai, après sa toile monumentale représentant un couple dans ses draps, totalement cessé de copier son œuvre. Ce qui ne m'empêche pas de déclarer que j'aime avec passion, que j'admire sans limite, son travail. Mémoire et maîtrise gestuelle me permettront de réaliser par la suite une grande partie des dessins. Mais avant d'en arriver là, il me faudra entrecouper la réalisation de la longue série de toiles par quelques artistes à l'âme plus légère.

Derain, avec son esprit critique, ne cesse de récriminer contre la société contemporaine, n'y voyant qu'affairisme et absence de véritable culture.

Cette révolte individualiste pourrait apparaître comme vide de sens, et pourtant, il incombe à l'artiste de dire sans retenue ses états d'âme et son regard sur l'humanité.

Si je « fais » Vuillard, Derain, Marquet, Gérôme, c'est parce qu'ils se ressemblent étrangement. Je sais, par la lecture de leurs témoignages, les liens qui les unissent. Ce n'est pourtant que par la copie de leurs œuvres respectives que je vais comprendre leur fonctionnement artistique, qu'il s'agisse de démarche ou de technique.

Mais, que ce soit au travers du travail épuré de Gérôme ou à la recherche de l'effleurement pointilliste de Derain ou Vuillard, je suis trop défini, sans doute pas suffisamment incisif.

Une sensation de flou ne me permet pas de « devenir » eux lorsque je les approche. Sans que mon regard ne veuille dévaloriser l'œuvre de ces artistes, je suis surtout une main technique et sûre, un œil qui analyse la toile pour la reproduire. La technique plus que l'âme.

Même si je prends toujours un vif plaisir à entrer dans leurs doutes et leurs incertitudes.
Surtout ceux de Vuillard.

Un tournage pour la télévision au musée des Beaux-Arts de Lyon m'a permis de tomber amoureux de Vuillard. Pour m'assurer de cet amour, je vais à Orsay contempler une partie de son œuvre.

Il ne m'en faut pas plus pour ressentir le désir 'de peindre cette douceur, une espèce de langueur.

Une petite toile, *La Lecture*, me fascine. Je suis, comme toujours, un gamin gourmand devant une pâtisserie : toile rustique au grain épais, mais dans ce petit format, toute la gamme des ocres et des gris. Et cette lumière qui éclaire le livre et une partie du visage. Un vermillon presque sali par un vert olive pour trancher sur la partie noire, épaisse en matière comme l'ensemble du tableau... Ma lecture « gourmande » est terminée, mes propres sensations peuvent remonter.

Tout de même, il me faut comprendre pourquoi je ne suis pas rassasié, pourquoi mon désir « d'être » l'auteur subsiste.

Je vais reprendre une plus grande toile intitulée *Le Sommeil*, petit visage sous les draps et un énorme édredon donnant à ce lit une hauteur démesurée.

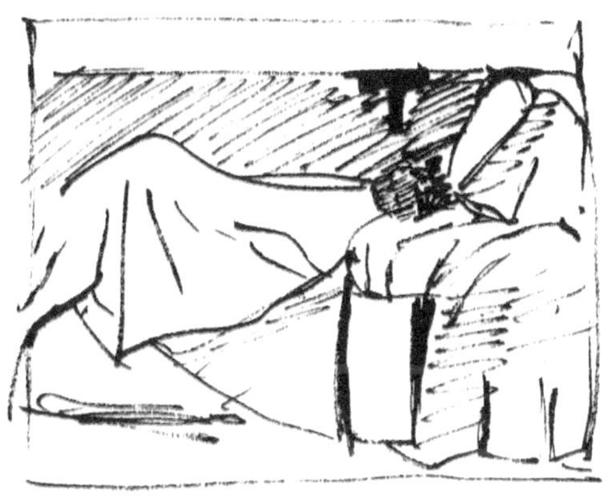

Douceur là aussi. Rêverie. Un premier sommeil. Ocres légers, vermillon, vert olive et noir, la palette peut paraître triste, et pourtant elle n'est que délicatesse. J'entre un peu dans Vuillard et je me découvre craintif, presque peureux.

Je le connais par quelques écrits. Je prends donc la peine de piocher un peu plus profond que sa surface. Ma découverte conforte mes sensations. Le peintre est un bourgeois, un passionné de théâtre, instable et fragile dans ses relations. Il est souvent timide avec les autres, qu'ils soient ou non artistes. Des incertitudes,

des doutes lancinants... Dans cette espèce de creuset alchimique naturel de l'époque, il se forge malgré tout.

Dreyfusard sans être trop engagé, il demeure aux côtés de ceux qui le sont. En peinture, c'est Gérôme son maître, son formateur. Il lit – et rencontre – Théophile Gautier, Mallarmé et... Proust, dont la sensibilité d'écriture se rapproche de son travail.

C'est la guerre, Vuillard la craint, il en a une peur terrible.

Cette crainte, je la découvre dans de petits tableaux : beaucoup d'enfants ou de personnages anonymes – ou qui plutôt apparaissent sans importance – sur lesquels les taches noires ou vermillon vont donner un air grave ou festif. Le noir, souvent de la partie, cerne de lugubres faire-part.

Cette peur peut-elle provoquer le désir de la colorer, un peu comme s'il ne voulait pas montrer la mort jusqu'au bout ?

Je garde une profonde tendresse pour Vuillard. Pour dévoiler un état d'âme, il suggère plus qu'il ne nomme... Son œuvre a duré grâce à la plénitude de ses efforts.

Si, dans mon travail de copiste, je ne deviens pas complètement lui, c'est peut-être pour mieux voler ce qu'il ne me donne pas, mieux vivre ainsi son œuvre en la réalisant. L'une de ses phrases justifie particulièrement ma tendresse :

J'ai toujours travaillé au hasard et, sûrement, [...] ce n'est pas mon œuvre, uniquement à cause de ce hasard.

Je quitte pour la énième fois le musée où je suis venu
lui dire bonjour et merci. Je m'attarde négligemment sur
certaines toiles dont la facture pourrait être douteuse.

J'écris bien : « pourrait »...

Sommeil

utre page, autre souvenir.

Laisserai-je ma plume vagabonder ? Cette plume qui est la dernière chose que je possède de la splendeur des seigneurs du Rhône. Un stylographe à la plume d'or que je tiens de mon père, le bagnard...

Je regarde mon fils dormir... À côté, un Van Gogh à peine terminé. Qu'est donc ma peinture lorsque je peux regarder vivre l'une des plus belles choses que j'aie jamais réussi, l'autre étant... ma fille ?

De quelle manière, Vincent, ce bonheur-là t'aurait-il transcendé ? Quels chefs-d'œuvre nous aurais-tu offerts au spectacle de tes propres enfants ?

Ma peinture est la couleur de ce que je ne peux dire de l'amour d'un père. Instant éternel que ces heures tardives où, dans le silence, j'écoute battre mes autres cœurs. Demain, j'aurai une nouvelle image, celle de ces deux jeunes vies, deux complices d'amour et de tendresse, deux merveilleuses existences pleines de passions, d'espérances, qui me regardent avec tout leur amour. Vous ai-je assez aimé, vous ai-je assez donné pour que vous puissiez vivre votre révolte, la même passion que moi pour cette si précieuse vie ?

Un jour, vous m'avez fait l'aveu d'un amour infini, me disant : *Nous savons que jamais tu n'as pu aimer comme tu nous aimes.*

Alors, j'ai du temps encore pour peindre : pour vous.

Vous êtes aussi les auteurs de mon œuvre.

Scandales

En 1966, la peinture représentait pour la France une source de devises très importante. Il fut donc tenu à Paris une réunion au sommet très privée, avec pour thème : « Les affaires de faux et leurs répercussions sur le marché de l'art ». Les hommes politiques de l'époque décidèrent de soutenir le marché. Ce qui n'a pas changé grand chose.

Pendant cette période où, scandale après scandale, le « grand vent purificateur » était censé souffler, même le Crédit municipal fut attaqué : ils avaient acquis un faux Matisse avec un « vrai » certificat de Duthuit Matisse. En Angleterre, une grosse vente de Picasso, truffée de faux, ajouta à la panique générale.

C'est à cette période que David Stein déclencha un petit scandale new-yorkais... Ce qui, par ricochet, révéla au grand public à quel point les galeries américaines étaient un débouché pour le marché du faux : Matisse, Chagall, Miro, Picasso... Le « roi » Wildentsein, marchand des marchands, s'était-il trompé ? Ou avait-il trompé ? Combien de faux aujourd'hui aux États-Unis ? Un million ? Plus ?

Un seul exemple : Corot. 30 000 de ses tableaux sont recensés en Europe et... 103 000 aux États-Unis (statistiques de 1951) !

Une galerie du faubourg Saint-Honoré fut regardée comme un atelier de production de faux Chagall, et le peintre passa beaucoup de temps à la recherche de « ses » faux. Ses toiles (vraies ou fausses) faisaient la fortune dans les années quatre-vingts de galeristes véreux, peu regardants sur leur provenance, payant en liquide des sommes rondelettes, pour les revendre aussi vite. En quelques mois, ils changeaient plusieurs fois de mains et leur valeur doublait, triplait... À sa mort, « Vava », sa veuve, décida de ne vendre aucune toile. Pas une ! Mais on en trouvait sans effort sur le marché : le comité Chagall lui-même délivrait des certificats d'authenticité sans sourciller.

L'avidité prend toujours le pas sur l'amour de l'art. Une preuve de plus que moins on parle d'argent, mieux l'art se porte.

Dites « J'aime », ou « Je n'aime pas »... Mais arrêtez de demander « Combien ? »

Les fâcheux

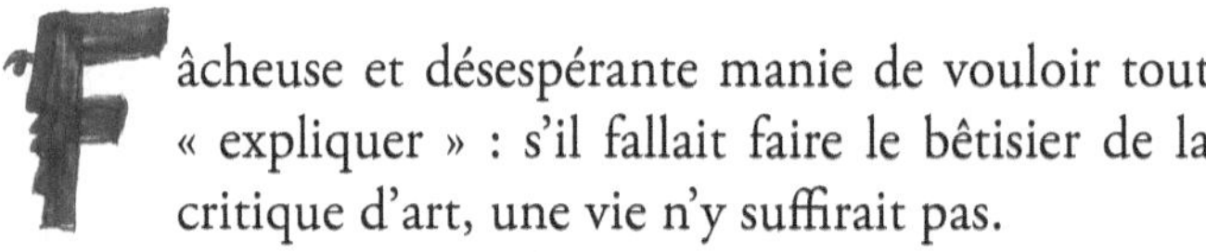

âcheuse et désespérante manie de vouloir tout « expliquer » : s'il fallait faire le bêtisier de la critique d'art, une vie n'y suffirait pas.

Le plus curieux est de constater à quel point l'assurance et la superbe s'acquièrent vite dans le milieu des « causeurs » d'art...

Cela a été vrai de tout temps et rien n'a changé de nos jours, sinon que la puissance des moyens de communication signifie que les gogos au bout de la ligne sont plus nombreux.

Femme du monde, rimailleur imbu, jeune fille en fleur, plumitif aigri, n'importe qui s'est autorisé, et s'autorisera, à instrumenter l'art et ses amoureux pour servir sa petite gloire personnelle.

Le pire provient peut-être – en dehors du trust des experts avec leurs clauses réservées – de la plupart des « officiels » des beaux-arts, payés sur les deniers publics. Ce ne sont souvent que copinages et entregents. Ils fabriquent les « artistes » qui les arrangent, tentent d'acheter les plus fragiles, ignorent les véritables avec une désespérante constance.

Au fond, ce n'est pas grave.

C'est au public de ressentir que le bonheur est dans la simplicité.

Mes colères s'estompent comme les pastels de certains de mes tableaux. J'ai tellement besoin, tellement envie, d'aimer les autres qu'il ne me reste que mes pinceaux pour le montrer.

Anachronisme

osé sur mon chevalet, un peu en retrait d'une fenêtre qui donne sur l'esplanade ombragée, le *Nu assis* de Modigliani...

Je ne peux m'empêcher d'ajouter une page à mon regard. L'ivresse au cours d'agapes amicales me laisse en souvenir des moments curieux, moments où je peignais vite et fort, atteignant en peu de temps la fatigue qui m'obligeait à traiter mes sujets comme si j'avais voulu bâcler mon travail... Un soir, je partage la même sensation avec l'artiste : une toile au visage ovale, travaillée avec douceur par Modi, je découvre comment la boisson amène Amadeo à peindre ainsi. J'en ai la certitude : l'œil et la main ont agi différemment. Mais le génie demeure. Est-il le fruit des circonstances ou du hasard ?

Coup   de téléphone   de la   gendarmerie.
J'entends le sourire du pandore :

– Quelqu'un veut porter plainte à cause du tableau
que l'on voit de la place.

Je rêve ! Il y a erreur d'un siècle... Il existe encore
quelques « culs bénis » pour pourrir la vie des artistes ?

Avec un plaisir extrême, j'avance mon tableau. Nul
désormais ne peut l'ignorer, il trône, majestueux, face
à la population : tout le monde lève la tête, sauf la
délatrice qui, dans son officine pharmaceutique, rougit
de honte.

Le musée, orgueil d'un ministère, satisfait-il le désir de l'artiste, le plaisir du spectateur ?

Les multiples questions sur la destination véritable d'une œuvre n'ont qu'une réponse : il faut qu'elle soit vue.

Je veux donc mettre à ma porte ce qui est inaccessible, intouchable : l'œuvre originale. Copier n'est pas tricher... Ingres affirme : *C'est dans la copie que vous trouvez le suc de la création, c'est avec la copie (si elle ne dévalorise pas l'œuvre originale) que le public saura écouter battre son cœur...*

L'émotion est furtive. Faisons abstraction du produit, de sa valeur marchande, et ne gardons que son émotion.

En littérature, on peut aller vers l'artiste dans n'importe quelle librairie, et en connaître l'œuvre, la relire. En musique, les disques, les partitions gardent la mémoire d'une émotion que l'on peut écouter...

En peinture : la pesanteur d'un musée ou quelques pâles photos, médiocres références... Parce que l'œuvre a un tel prix – à ce qu'ils disent – qu'elle doit être « protégée »... Protégée du public !

Alors, je suis devenu l'artiste « originel », celui qui est capable d'interpréter tous les rôles du répertoire, celui de la Comédie française et celui du Théâtre de la Gaieté. Appelez-moi Gauguin, Van Gogh, Modigliani... le temps d'un tableau. Appelez-moi pour ressusciter les émotions, les douleurs, les couleurs, le génie. Je suis un autre, je suis un caméléon à la vie comme à la scène, à la cour et au jardin...

Alors, je copie et mets son tableau à ma fenêtre :

– Venez voir le beau.

Je ne suis que l'écho d'une œuvre, juste là pour qu'elle retentisse...

Le rôle du copiste est le même que celui de l'acteur : il va jouer une pièce dont il n'est pas l'auteur, mais la jouer avec tant d'âme ·qu'elle va devenir vraie, présente, disponible, partagée.

Silence

Au cours de ma « période sombre », les ayants droit de peintres célèbres fournissaient les certificats plus vite que je ne pouvais produire ce qu'ils certifiaient. Je n'ai conservé le souvenir que d'une seule œuvre, tant le travail s'accélérait. J'en ai le tournis, aujourd'hui encore. Fernand continuait ses échanges d'attestations comme s'il était une rotative. Avec sa folie des grandeurs, il faisait monter la pression au point que j'ai souvent pensé qu'il prenait des risques importants. Il devait de l'argent au Milieu. À Albert, donc. Des bruits de couloir couraient : il fallait l'éliminer ! Seul hic, le personnage était connu, susceptible de médiatisation et d'enquêtes fouillées.

Difficile aussi à faire tomber du côté du marché de l'art : il menaçait de révéler le nom des conservateurs et directeurs de musée ayant acquis des faux. Pour toutes les grosses affaires douteuses, le risque de procès entre experts générait surtout du silence.

Guillery, conservateur du Louvre, avait déjà payé pour avoir décrété, comme de droit divin, que les deux Watteau qu'il avait achetés étaient des vrais. Ils étaient l'œuvre du copiste Quillard : Guillery est tombé. Personne n'a jamais cité le fameux *Chapeau* de Magritte, inscrit dans une vente par Maître Rheims, et aussi faux qu'un fourgue peut l'être. La règle d'or des experts étant de ne tenir pour véritables que les tableaux qu'ils ont authentifiés, celui-ci est toujours « authentique ».

Le monde de l'art et des marchands était alors un marigot empli de crocodiles, de piranhas et autres bestioles goulues. Le marigot est le même, seule la faune a changé...

Legros est allé trop vite, trop loin. Il s'est brûlé.

Albert me demande de prendre un peu de distance. Ses demandes sont plus simples en cette fin des années soixante-dix. Beaucoup de dessins, des lithographies. J'ai même repris la gravure : Versailles est un marché porteur...

Chacune de mes forfaitures de l'époque justifie ma position d'aujourd'hui : si je n'ai pas compris véritablement l'ampleur des dégâts que je causais, je me rendais compte de la catastrophe générale qui se préparait. Moi qui rêvais d'être un artiste, je n'étais qu'un faussaire. Je pensais que ce monde de l'art ne pouvait être autrement.

Aujourd'hui, j 'ai un œil plus aguerri, un regard plus acide et plus dur encore sur les marchands, mais c'est surtout le regard féroce sur ce qu'ils vendent que je veux garder. Parce qu'ils continuent tous – ou presque – à naviguer dans les mêmes eaux troubles.

Combien de galeristes brillent de mille feux en trouvant chez « leurs » artistes l'énergie d'alimenter un circuit ? Combien sont-ils d'artistes à pouvoir parler avec amour de leurs marchands ?

Il faut que le public apprenne ce qu'est non seulement l'œuvre, mais aussi ce qu'est l'artiste.

Honte

L a phrase de Nicolas de Staël quémandant de l'argent à son marchand me hante.

J'ai la grossièreté de vous demander un peu d'argent.

Terrible que de devoir ainsi s'abaisser. Les mots de Vincent à son frère Théo s'en approchent quelquefois.

J'ai une boule au fond de la gorge : en mon temps, je n'eus ni le courage ni l'humilité de prendre le risque d'avoir à prononcer des mots si avilissants, pas eu le cran d'être un artiste...

Faire le choix de l'art, c'est tourner le dos à l'argent, s'exposer à devoir mendier pour vivre.

Implication

Toute toile, copie ou original, est humaine, puisqu'elle est née d'un homme ou d'une femme... mais inhumaine aussi au sens où elle échappe aux mesures de son créateur, de sa créatrice.

La conception d'un tableau exige l'entièreté de l'être qui le réalise. Toutes ses facultés, conscientes et inconscientes, sont requises. L'artiste s'y révèle en tout, ou en partie, mais... vraiment je ne crois pas qu'une toile soit une introspection.

Elle est un don, au contraire.

Page blanche

'angoisse de la toile vierge ?

Mais pour qui, par qui ?

Le véritable plaisir, c'est justement le moment où l'artiste décide qu'il doit peindre, donner des images inconnues.

Nulle angoisse, aucun stress. Le bonheur au contraire de savoir que la main, l'œil, la mémoire, avec ce qu'ils laissent filtrer dans le conscient, vont donner naissance au rêve.

Ce fameux carré « vierge » ne l'est jamais en réalité, du moins pour l'artiste : il a pris des couleurs, des formes, avant même que le pinceau ne s'y pose. La seule angoisse, c'est : « Cette image-là arrêtera-t-elle les regards ? »

Ce besoin d'être séduit, de séduire le spectateur...

Trouver l'absolu, le beau. Ne déclencher qu'une réaction, la seule qui au fond soit satisfaisante : « J'aime »...

Évidemment, il y a son pendant qu'il ne faut pas, jamais, rejeter : « Je n'aime pas. »

Litho en gros

Les loups hurlent au scandale devant les copies, mais se taisent devant celui des lithographies...

Si cela a été une technique artistique, si quelques véritables artistes acceptent encore de tirer « à la pierre », de graver à la main en petit nombre, c'est de plus en plus rare.

Ce ne sont aujourd'hui que des tirages reproduits à la chaîne, strictement identiques, un simple travail d'imprimerie. Aucune différence avec une affiche. À part le papier luxueux peut-être, qui laisse croire à une œuvre. Sa seule « valeur », c'est la signature dans un coin. À condition qu'elle soit vraie...

La lithographie, « non œuvre », est sans aucun doute le plus gros marché du faux : c'est par millions d'unités qu'elles s'écoulent.

Des imprimeurs, des encadreurs se transforment ainsi en « marchands d'art ». Dali, Picasso, Toffoli, Braque... furent imprimés à la tonne. Une énorme vente aux enchères de lithographies signées Picasso vient de se dérouler à New York. Inutile de se déplacer pour savoir que la plupart sont fausses.

Une astuce à connaître : une bonne lithographie sent très fort l'encre grasse ; une fausse est inodore. Mais inutile de se voiler la face, on n'achète pas une litho par amour de l'art, mais pour le plaisir de posséder un Picasso, ou plutôt une reproduction (une copie) de Picasso signée (peut-être) de sa main.

Un conseil : plutôt qu'une lithographie, achetez-vous donc, pour le même prix, ou presque, une œuvre originale chez un artiste.

L'émotion ne sera jamais comparable.

Remords

amais je ne me suis pris pour l'auteur d'une œuvre fausse. Je ne suis que l'interprète de l'artiste. Je veux seulement lui rendre sa noblesse et sa grandeur en devenant son copiste. Rendre à César ce qui lui appartient. Je suis comme Millet, ou Van Gogh : un paysan. Et je le resterai, racontant les choses comme je les ai vues.

Il y a peu de gens qui savent voir, bien voir, voir pleinement ; s'ils savaient regarder, ils comprendraient mieux la peinture.

Cette phrase de Pierre Bonnard fait partie de mes références.

De mes remords de faussaire, aussi.

Mort

undi d'avril...

Je pourrais me contenter d'être heureux d'arriver à l'aube de mon premier demi-siècle... Il me faudrait me battre contre mon orgueil, contre ce désir, cette volonté profonde d'être plus encore que ce que je suis.

Chaque jour, je suis près de la rupture, chaque jour tout peut s'arrêter pour ne plus redémarrer ; alors je m'accroche aux cordes du ring. Comme si, pour la première fois de ma vie, je savais que ce combat était définitivement perdu, inutile...

Il est pourtant indispensable pour me faire vivre.

Ma peinture est la seule raison d'être encore amoureux... de moi. Elle me bouffe, ronge doucement chacune de mes heures. Tant d'images, tant de beauté sortent de mes luttes internes, que j'en oublie que je n'ai jamais eu, jamais, une existence normale.

Suis-je égoïste ? Comment ne pas le devenir devant la folie du monde ? Égocentrique ? M'est-il encore possible de partager, malgré les tableaux ?

Le soir vient, avec son poids de solitude et de silence. J'aime ces moments où je peux m'écouter... Alors je reprends, comme un pèlerin, le pinceau et les couleurs qui me servent de bâton.

Je pense à toi souvent, ma propre fin que je ne verrai peut-être pas arriver. Sans vraiment souffrir. J'ai peur seulement de n'avoir pas assez de temps.

Tsars

De grandes ventes dispersèrent dans le monde entier les chefs-d'œuvre que possédaient les tsars de Russie. Par lots. Certificats prestigieux, origine illustre ! On y avait pourtant inclus d'horribles croûtes, copies vulgaires... Parmi les acquéreurs, deux personnages furent particulièrement cités : Pierpont Morgan et Andrew Mellon qui, plus tard, lèguera sa collection à la *National Gallery* de Washington...

Lors de l'exposition des chefs-d'œuvre de la peinture française dans les musées de Saint-Pétersbourg et de Moscou, eut lieu un incident retentissant. Le marchand Daniel Wildenstein découvrit dix-sept faux parmi les tableaux exposés, et Germain Bazin, conservateur du Louvre, en décela un dix-huitième. C'est ce dernier qui paya les pots cassés : il perdit la conservation des peintures et dessins du grand musée parisien, et l'on nomma Rosenberg.

Un tableau peut être vrai d'un côté de l'Atlantique – ou de l'Oural - et faux de l'autre.

Parfois même, d'un côté à l'autre de la rue. Les querelles entre galeristes et experts ont été si nombreuses qu'elles ne pourraient être répertoriées.

Je me souviens d'un Van Gogh que Bernheim jeune voulait fourguer à Pacitti en exhibant l'impressionnante liste de ses anciens propriétaires depuis la mort de Volard. Pacitti ne céda pas, il savait dès le début que la toile était fausse.

Respect

On entend souvent des gens, bien mis en général, ricaner devant certaines toiles :

– C'est une peinture de fou...

– Un enfant en ferait autant...

L'incompréhension face à l'art est la même aujourd'hui qu'il y a un siècle : rien ou presque n'a bougé.

Si les peintres n'ont pas le droit d'exiger le respect, j'ai le devoir de le demander en leur nom... Quant au public, si « ne pas aimer » est un droit inaliénable, il ne va pas sans le devoir absolu de respect qu'impose le travail qui leur est offert.

Que le système n'apporte aucune protection aux créateurs, certes. Pas plus qu'au talent, d'ailleurs. Il génère plus d'entraves que de soutien, c'est entendu... On peut le déplorer, faire son possible pour que cela change... En attendant, c'est comme ça.

Mais le travail ? Juste cela : le travail. Comment expliquer qu'un tableau ne se conçoit pas sans travail ? Si l'on peut aisément concevoir l'effort que produisent un ouvrier, un artisan, un employé de bureau ou un patron d'entreprise, il semble impossible de mesurer ce que coûte une œuvre à l'artiste qui la réalise...

Parce qu'un marché se développa autour de leur nom, nous connaissons aujourd'hui Cézanne, Matisse, Van Gogh, Gauguin, etc. Mais que de mépris, et de sarcasmes, durent-ils supporter !

Je ne dis pas qu'il faut souffrir pour créer, je dis simplement que chaque tableau, c'est un peu le sang de l'artiste. Pour le faire, non seulement il y a ce travail effarant, mais aussi le choix cruel de vivre en marge, de ne pas être comme les autres et de l'assumer... chaque jour.

Je me moque du prix du tableau, mais chacun a un coût humain.

Du respect, s'il vous plaît.

onjour, monsieur Gauguin.

Bonjour, Paul.

Bonjour, sosie des moments où le facile viendra rejoindre le difficile. J'ai cherché avec patience à te comprendre, pour mieux me connaître, savoir si ton histoire a aussi le même sens que la mienne, si tu as fui comme j'ai pu le faire ou si le désir de créer l'atelier des tropiques est sincère, si tes choix ont été aussi aisés qu'ils le paraissent.

J'entre dans ta vie après quelques balbutiements sur des couleurs et des formats étranges. Ta bretonne polynésienne, tes tâtonnements de « grande gueule »... Fragile, le peintre, pour crier aussi fort. Toi qui vas indirectement apporter le beau, « petit peintre bon faussaire »... normal que tu croises quelqu'un qui ne soit pas ébloui par toi, curieux seulement.

190

Les yeux de copiste vont me faire vivre l'expérience la plus extraordinaire qu'un artiste puisse désirer : être Gauguin au point d'engager un tour du monde pour suivre son parcours atypique.

Quand je me lance dans cette aventure, je ne sais pas barrer. J'emporte de vieux sacs de farine, la trame étant celle qu'utilisera Paul pour la plus grande partie de son œuvre. Pour ne pas vivre l'attente des livraisons de matériel, je constitue un énorme stock. S'il est un peintre dont je vais revêtir la carapace et les habits, c'est bien Gauguin. Six ans de vie polynésienne, mêmes gens, même lumière, même lieu...

Ce sera, mais je ne le sais pas encore, l'œuvre copiée la plus complète dans l'histoire de la peinture.

Mon approche des Marquisiens sera la même que celle de son art : je veux m'imprégner d'eux... Surprise, ô surprise ! Tout est si vrai, si fort, si loin de chez moi que je tombe fasciné aux premiers jours. Plaisir d'occuper le même atelier, la Maison du Jouir que je vais reconstituer... J'ai posé mon matériel, installé mes chevalets, une grande table pour mes pinceaux et mes couleurs, comme dans tout début de séjour, la rage de faire pour être me gagne. C'est terriblement fort, chaque matin, comme un aimant, je suis violemment attiré par mon atelier... Ouvrir les panneaux, laisser pénétrer des rais de lumière, l'intérieur est un peu sombre, l'extérieur lui, éclate de clarté et de couleurs. Cette fausse pénombre   je vais le découvrir — force

Gauguin à utiliser des couleurs primaires, il faut de l'éclat.

Construire aussi une existence... Dans ma démarche et mon besoin d'être plus près du peintre, il m'arrive de me retrouver en situation identique. Un siècle nous sépare, nous avons à quelque chose près le même âge, les mêmes gestes, et aussi les mêmes réflexions sur la mort, le rôle de l'artiste... N'est-il pas lui-même un copiste ? N'est-il pas l'emprunteur de toute une époque révolutionnaire ?

L'ensemble des critiques va s'évertuer à ne pas lire ou plutôt mal interpréter les écrits de Gauguin, alors qu'il justifie, comme le fit Van Gogh, le prix d'une vie... La course pour faire face aux besoins matériels... L'éternel jeu du mensonge et de la vérité :

« Suis-je assez bon pour l'étiquette que je désire ? », « Combien de fois vais-je devoir peindre du facile ? » ?

Continuer l'œuvre, la fuite en avant et la souffrance, prix public à payer. Il en fut souvent de même pour mon propre parcours, et pour bien des artistes qui marquèrent l'histoire. Mon Dieu, comme j'aime les gens que je « joue ».

J'ai, comme Gauguin, vécu deux périodes en Polynésie : une à Tahiti, l'autre aux Marquises. La marque profonde de mes séjours se sent et se voit dans mon comportement ; j'ai traversé ces longues périodes de spleen où je cherchais mes enfants, où mes proches me furent absents...

Je suis arrivé à Hiva Oa, à l'âge de Gauguin, avec la

même fureur de créer. Il était écrit que je reproduirais dans le même temps, les mêmes travaux, les mêmes sculptures, les mêmes gravures, les mêmes erreurs, les mêmes colères, les mêmes joies... les mêmes tableaux.

Appelez-moi « Gauguin », moi qui, brossant la toile rugueuse de grands à-plats de couleurs, me sens en ces moments sa réincarnation. Les heures du jour, l'approche des nuits, l'éveil aux aurores... rien ne m'échappe. Je vais aussi découvrir les agapes marquisiennes, plus chargées en repas qu'en boissons ! Leurs heures sans fin, ponctuées de rires.

J'ai autour de moi les couleurs d'une œuvre... Inutile de me forcer, moi le copiste, pour saisir toutes les subtilités du travail qu'a pu faire Gauguin ici. Il suffit d'apposer sans réflexion, sans peur de la force des contrastes. Vert Véronèse, vert anglais, coupé et taché par un carmin, un vermillon, cela coule dans le regard.

J'aimerais que mes lignes – comme le firent certains de mes tableaux – ouvrent des portes et permettent à tous d'avoir le juste regard... J'aime, ou je n'aime pas... Après, l'homme, merveilleuse machine, saura voir ou non, comme dans un miroir. Longue lecture d'un ouvrage consacré à Gauguin. Bon... et mauvais à la fois. Quelques phrases peuvent encore coller sur une partie de son travail. Je me suis bien plus attaché à la période marquisienne, pour une raison simple : j'y ai vécu jusqu'à aimer les Marquisiens...

« Koké », le surnom donné à Gauguin par Tioka. Tioka que je vais à mon tour découvrir en chair et en os, avec le petit-fils d'Émile Frébault. Comme lui, mon entourage n'est que local. Cela me vaut d'être rapidement haï par l'ensemble des Français installés à Riva Oa. Pour vouloir affirmer le véritable rôle des Marquisiens, je vais jouer le Gauguin de *La Guêpe*, piquant le Blanc imbu de sa situation.

Le cadeau que je veux offrir ici est monumental : faire renaître le mythe. Pour cela, j'ai poussé, hormis la reconstruction de la Maison du Jouir dans sa conformité, à avoir pour mes promenades un chapeau tressé par Madeleine, arrière-petite-fille de la jeune fille à l'éventail. Cette Maison du Jouir va devenir une maison marquisienne, où, doucement, tous viendront voir, découvrir Gauguin, découvrir ce qu'ils ignoraient depuis longtemps, depuis toujours : la peinture, leurs propres attitudes, leurs couleurs, leurs gestes. Voir aussi resurgir leur histoire, leur légende... Si mes couleurs se font dans un miracle, si mes toiles deviennent plus originales que les œuvres mères, je le dois à ce climat, cet environnement, ces odeurs, ces bruits...

Comment ne pas peindre les coqs des Marquises : ils passent leur temps à « foutre le bordel » dans des cocoricos sans fin ? Normal que cet animal se retrouve dans les tableaux, au même titre que la nonchalance des personnages. Ici, le temps n'existe pas... seul le coq respire la vie, scande le temps...

Réel

Pourquoi suis-je si près de vous, tous ? Comment avez-vous pu marquer l'histoire, et mon histoire particulière, au point qu'aujourd'hui je ressente vos blessures comme des coups de poignards ?

Merci à vous, les artistes, d'avoir payé le prix de ces exploits, dont j'ai tant de mal à ne pas parler, et merci aussi aux médiocres de m'en avoir donné la rage.

Spectateur, lecteur, apprends doucement la simplicité de la peinture, celle de l'artiste. Sache toucher du doigt ce qui le rend semblable à toi, proche de tes problèmes, de tes histoires d'amour ou de tes colères...

Il n'est pas différent : il *est* toi.

Instinct

Il m'arrive parfois de m'attarder sur une toile avec incompréhension. C'est alors que survient le doute. Le faux, pour l'avoir pratiqué sous toutes ses formes, prend pour moi l'odeur du soufre. Reste, avec l'œil du copiste, à trouver comment l'on peut faire entrer le virus dans une œuvre. Et le faire admettre.

Est-ce vraiment le manque de connaissances techniques qui fait de l'expert le maillon faible dans la chaîne de l'histoire d'un tableau ? Je crois que c'est plus que cela : c'est l'absence du ressenti...

En général, je prends le temps d'épouser l'auteur dans la gestation, la préparation de l'œuvre... Je laisse faire ensuite l'œil et la main...

Quelquefois, je vais avoir l'étrange sensation de réaliser des gestes qui ne sont pas les miens, ou les siens. Souvent ce ne sera que la copie d'un faux.

Rares sont les fois où je me trompe : Gauguin, Van Gogh et Modigliani sont les peintres pour lesquels je ne doute jamais.

Simple exemple. Récemment, la vente d'un dessin de Gauguin m'a fait sursauter... L'œuvre ne « collait » pas, aussi suis-je allé la voir : un faux, je l'affirme. Je n'ai pas ressenti la présence de Gauguin lorsque je l'ai refait.

Échec

Dans mes envies de copiste, je n'ai connu qu'un seul échec, difficile à supporter.

Tombé amoureux d'une *Vue de Collioure* par Cézanne, j'ai posé une toile blanche, format du tableau à refaire, achetée chez le marchand. J'ai la photographie bien en vue. Peu de recherche sur cette toile, tant le travail m'apparaît simple et académique.

Pourtant, ni l'œil ni la main ne fonctionnent. Je me trouve lancé dans une réalisation impossible, je n'arrive pas à enchaîner les coups de pinceau, je ne comprends plus le sens de ma palette. Curieux Cézanne que celui-ci. J'enrage, j'ôte la toile du chevalet et la fracasse au sol. Cette colère n'est pas autre chose que l'aveu de mon impuissance, incompréhensible… Cézanne serait-il plus difficile que les autres artistes ?

J'abandonne mon travail, rôdant comme une âme en peine. Je vis ça péniblement, un échec personnel. Les heures qui suivent ne sont que questions devant une photo. Loin de baisser les bras, je reprends connaissance des œuvres de Cézanne pour exécuter, dans la foulée, une grande nature morte. Joie des couleurs, je vole et survole dans cette réalisation... alors pourquoi n'ai-je pu avoir ce paysage ?

Le temps passe. En travaillant une toile de Derain – un Collioure, aussi – je découvre l'erreur : la photographie de l'œuvre originale, qui me sert de base, a été inversée ! Je tentais de peindre une toile à l'envers.

Cette anecdote me permet finalement de me rassurer plus encore quant à mes sens et mon pouvoir de ne refaire que dans la forme et l'esprit de l'auteur.

Impossible d'être Cézanne si la toile n'est pas dans un ensemble de matériaux et d'image conformes.

J'ai donc, longtemps après ma première tentative, réussi cette *Vue de Collioure*...

Au fur et à mesure que j'écris, je commence à appréhender comment je peux entrer dans la peau d'artistes dont il m'est vital de reproduire les œuvres.

Je suis la preuve vivante que la peinture est une présence : elle part de la vie et doit y revenir. J'ai voulu devenir humain, et pour cela j'ai mis dans mon travail tout ce que je n'avais pu être dans mon passé de marginal.

Mon désir de réaliser l'œuvre de ceux surtout pour qui l'art fut un calvaire, une souffrance ou un chemin vers la mort, devient alors compréhensible.

Filiation

Pour le plaisir, je suis quelquefois Matisse. Lui qui va hausser la couleur à un niveau jamais atteint. Comment ai-je pu comprendre son rôle en tant que découvreur du legs de ses aînés ?

Pour avoir fait du Gérôme, j'appréhende comment l'auteur du *Bachi-bouzouk* fut, comme pour Moreau ou Bonnard, l'un des maîtres du Matisse coloriste. Découverte magique... Pour mes premiers tableaux de lui, j'avais choisi ceux chargés de matière, très empâtés, pleins d'un utile travail pour rendre une magnifique qualité picturale.

La Desserte fut un bel exercice. La palette va s'éclaircir et me montrer combien il saura prendre les à-plats de Gauguin, les couleurs de Seurat qui offrent cette sensation de poésie. Tout comme lui, je découvre le plaisir des couleurs, sans retenue, comme le firent les fauves dont je parle si souvent. Se débarrasser de cet interdit tacite qui voudrait qu'on n'utilise jamais le pigment pur, comme il sort du tube... En découvrant cette liberté, je saisis soudain à quel point c'est l'un des tournants de l'art. Désormais, je sais comment un Seurat ou un Signac ont pu réaliser des œuvres aussi importantes et déterminantes sur le chemin de la création picturale.

Quand l'intelligence et le don rencontrent l'indépendance, c'est le Beau qui progresse...

J'ai aussi ressenti profondément le désir de Gauguin, Van Gogh et Renoir d'abandonner l'impressionnisme, après leur découverte du père Tanguy, marchand de couleurs de teintes osées, presque indécentes. L'audace va prendre le pas sur la raison : nous voyons le désir de peindre en rouge vif ce qui n'est que rougeâtre, et vert pré ce qui est vert de gris ! Par la couleur, ils vont créer un monde nouveau, exprimant plus fortement leurs sensations.

L'histoire ainsi continue, et je découvre que Matisse, Braque, Picasso... jusqu'aux derniers venus, exploitent de manière constante toutes les découvertes faites entre 1870 et 1890... D'où l'éclatante coloration de l'œuvre picturale depuis. Mon chemin m'a conduit à reproduire cet ordre déjà inscrit dans l'histoire. Pourquoi n'ai-je jamais travaillé sur les fauves avant d'avoir fait les impressionnistes ?

Reconstitution

Organisateur avec mon ami Louis Frébault, un descendant d'Émile, du 150ᵉ anniversaire de la naissance de Gauguin, je reçois l'ensemble de la famille de Mette Gauguin sur le bateau *Le Gauguin* pour justifier le prix payé pour la croisière par les riches Américains : partir sur les traces de Gauguin en compagnie de ses descendants !

Même sur place, aux Marquises, nous avions reconstitué la « famille » du peintre. Opération mercantile avec laquelle j'allais permettre aux « indigènes » de gagner quelques sous. Nous avons laissé l'imagination de nos Marquisiens retrouver cent objets ayant « appartenu » à Paul. Bénignes utilisations du désir des visiteurs, que sont-elles après les arnaques de Legros ?

Bien sûr, je conçois qu'il était inadmissible qu'un

homme (moi) ait pu, sans les conseils de la famille biologique (eux), faire revivre l'âme du peintre, et devenir lui au point de déranger.

Foutaises !

Le vrai marchand de mémoire (que je vais appeler M.A.) était ce conservateur d'un musée Gauguin. Musée sans œuvres, sans âme, sans autre motivation que de « posséder » la mémoire... et tous les droits d'exploitation, jusqu'au papier toilette imprimé... M.A. va monter, à la tahitienne, une jolie cabale contre nous, nous et nos intentions que j'affirme louables.

Décidément, me voici à nouveau Gauguin, attaqué par une tribu de petits Blancs, dérangeant leur petit business. Je gêne visiblement les mensonges.

La Polynésie ne m'a été reconnaissante qu'à la condition que cela serve l'exploitation mercantile, et les profits qui vont avec... J'ai réalisé les meilleures copies conformes... Je les ai données de bon cœur, mais le Territoire n'a pas fait un geste pour acheter ne serait-ce qu'une toile...

Quant aux hommages à Gauguin, rien en dehors de quelques dates anniversaires justifiant des croisières de milliardaires... quelques secondes devant la tombe du Maître, des paréos mal peints, des cartes postales aux couleurs médiocres... Tout est la propriété du sieur M.A., plus marchand de conserves que conservateur... Où est-il votre diplôme, Monsieur ? Qu'est-ce qui justifie l'autorité que vous vous êtes octroyée ? À combien de combines avez-vous été mêlé, au nom de Gauguin ?

Rôle du copiste

our les besoins d'un reportage, j'accepte de
participer à une table ronde.

Une dizaine de personnes ayant acquis un ou
plusieurs tableaux (copies ou originaux) vont s'exprimer,
entre autres, sur mon travail. Sans trop d'appréhension,
je retrouve mon petit monde...

Je reste tout de même un peu étonné devant les
propos de mes acquéreurs. Tous sans exception affirment
que, depuis notre rencontre, ils ont découvert et regardé
la peinture autrement. Ce sont ces propriétaires de
copies qui posent maintenant les mots de la passion,
de l'émerveillement, de l'enchantement pour décrire
leurs regards sur les toiles. Et surtout, ils déclarent plus
fort encore leur amour pour le peintre original. Avec, au
passage, quelques « mercis » pour le copiste, mais c'est
bien au peintre original que va la reconnaissance.

J'ai, sans le savoir, ouvert des portes donnant sur le bonheur, j'en prends acte pleinement et humblement, merci Van Gogh, Modi, Gauguin, Derain, Manet et tous les autres ! Merci d'avoir fait de si belles choses... et merci à celui qui, de là-haut peut-être, m'a donné le droit et le don d'être à mon tour comme eux, et eux parfois. Quelle douce sensation... Où est-il le petit faussaire qui croyait être grand ? Où sont-ils les « tableaux d'argent » de la « période sombre » ? Que pèsent-ils devant mon travail actuel ? Il fallait passer par cette souffrance et ces mensonges. Je veux le croire non pour me dédouaner, me rassurer, juste pour avoir le plaisir de parler avec sincérité des peintres et de leurs œuvres offertes à l'humanité.

Quel que soit le prix qu'ils durent payer.

Racontars

J'ai souvent pris mes pinceaux dans cette Maison du Jouir qui avait retrouvé une âme. J'aimerais entendre encore son plancher craquer, voir mes Marquisiens sur les marches, les regarder rire, devant les attitudes grotesques des « popas »...

Gauguin, as-tu, toi aussi, partagé pareils instants ? En te reproduisant, glissé dans ta peau, je sais que ce devait être effroyable parfois de rester avec ta solitude, tes faux amis.

Normal, les querelles, l'île si petite que tu ne tarderas pas à en trouver le cœur, au risque de l'entendre battre plus fort. Alors tes colères reprennent le dessus, tu t'épuises au point d'en oublier ta peinture.

À mon tour, je jette sur le papier comme tu le fis, des pensées décousues pour parler de ma vie tumultueuse, de mon regard sur le monde de l'art, de tout ce qui, si souvent, me fait bondir d'indignation. Une amie vient justement de m'offrir *Racontars de rapins* publié au... Mercure de France, qui pourtant te refusa en 1902 de le publier au motif que tu étais un artiste « dégénéré ».

Tu y écrivais :
Non, mille fois non, l'artiste ne naît pas tout d'une pièce. Qu'il apporte un nouveau maillon à la chaîne commencée, c'est déjà beaucoup.

Un monde comme le tien ne peut exister que dans un rêve impossible. Il n'est pas, jamais, ancré dans une réalité rationnelle. Si j'ai voué à ton art une telle passion, au point de revivre le même chemin de croix, c'est qu'il n'est pas possible de faire autrement pour le comprendre. Je ne veux pas détruire le mythe, mais y ajouter une page de réel.

Je fulmine, lorsque je surprends un plumitif « essayeur d'œuvres », piquer ici et là des bribes et des mots déjà posés par d'autres essayeurs, et tenter de faire croire qu'il a retrouvé, voire incarné « mon sauvage ».

Ainsi, un penseur nous fait croire qu'en quelques heures d'avion, quelques heures à Hiva Oa, le Céleste l'a investi d'une mission sacrée : il aura tout compris depuis un transat du *club house*.

Désolé, mais il m'est insupportable de lire ces petites pages qui sonnent creux, faux... Non, Gauguin ne parlait pas : il écrivait sa peinture et, à la fin de sa vie, peignait pour la postérité et... pour survivre.

Qui donc oserait faire de sa vie celle d'un artiste maudit ?

Qui a pris le risque de mourir en mer ? Qui a osé se heurter avec les colons français imbus de leur petit pouvoir, fiers de leurs piètres gestes ?

Sûrement pas ce « penseur », avec sa plume... Quel sang est-il prêt à verser pour se mettre dans la peau du génie, mon Dieu vivant de la peinture ?

Pardon, mais ton livre est petit, tout petit... Et si tu t'es permis lors de ton passage de critiquer mon travail – tout comme on l'a fait pour Gauguin, tout comme tu l'aurais fait pour lui si tu étais passé en 1902 – c'est que tu ne seras jamais capable de savoir ce qu'il était, et encore moins d'être « son ami ».

Non, la vie de Gauguin ne s'est pas refermée à cinquante-cinq ans, elle dure depuis cent-cinquante, avec la mienne. Avec dans ma peinture les mêmes erreurs, la même beauté, cette *inaccessible étoile* que chantait un voisin, que rêvaient d'autres de ces artistes maudits, morts d'avoir été trop vrais.

As-tu vécu les petits matins où, animé du désir fébrile de faire du beau, tu parcourais les cent mètres te séparant de la Maison du Jouir ? Moi, je l'ai fait. Quelles sensations étranges que de monter ces marches, d'ouvrir cette porte encadrée de bas-reliefs, de pousser les jalousies pour faire entrer la lumière...

As-tu été, une seule fois, empli d'émotions au point de devenir un autre ? Moi, je l'ai été, et il m'arrive toujours de l'être.

D'être toi. Bonheur magique, unique.

Art contemporain

Nous avons, je crois, oublié que la vraie grandeur d'une nation, d'une époque, se mesure à la qualité des œuvres qu'elles ont générées.
Notre société a l'art qu'elle mérite.

Moderne

Plus de quatre mille copies réalisées me poussent à croire que notre siècle n'a connu aucun progrès en peinture. Si l'on passe en revue les procédés techniques qui se sont succédé, on se rend bien compte que tous, sans exception, ont déjà été employés à des époques antérieures.

La séparation et la juxtaposition des taches faites de touches sont déjà utilisées par Giotto, Fra Angelico, Raphaël... Les techniques de contrastes et de superpositions allant du vert au rouge pour obtenir le teint d'un visage étaient pratiquées dès la Renaissance... On pourrait multiplier les exemples.

Souvent, les artistes (excès d'orgueil) remettent tout en question pour « inventer » à nouveau des choses connues depuis les origines de leur art. S'appuyer sur des maîtres est pourtant une nécessité. C'est même du bon sens : ce n'est qu'en se basant sur ce qui a déjà été fait qu'on peut aller encore plus loin.

Aussi, ce caractère de « modernité » que les critiques, voire les artistes, se (com)plaisent à placer dans les œuvres d'art me paraît… risible.

Il va sans dire que les peintres qui nous ont précédés se moquaient royalement d'être « modernes »… Ils étaient tout entiers dans leur œuvre. C'est une hérésie que de vouloir faire entrer dans l'art le « concept de modernité ». Pire, c'est une atteinte à la liberté de l'expression artistique : tel peintre contemporain qui ne serait pas « moderne » serait irrecevable ? Absurde, l'œuvre authentique est en dehors du temps.

Aux Marquises

Pour avoir eu accès aux journaux de l'église, à Atuona, je peux affirmer que Gauguin n'avait pas autant de haine que la légende a bien voulu le dire. Et puis, il est si difficile de haïr dans ce pays...

Chaque matin dès 6 heures 30, les oiseaux se font un plaisir de m'éveiller... Dont les coqs, bien sûr... Comme ils te réveillèrent... Gauguin. Je vais, cahin-caha, rejoindre la Maison du Jouir. Mêmes gestes qu'il y a cent ans : avec des bambous, je pousse l'ensemble de mes abattants pour faire entrer la lumière – et les bruits. Lumière sourde, opaque, mais amplement suffisante pour mon travail. Il y a bien sûr une toile sur le chevalet, une autre dans un coin, mille brosses et, en vrac, des tubes et des boîtes de couleurs.

La Maison du Jouir... *Soyez heureuses*. Un appel à je-ne-sais-qui, car elles furent moins nombreuses qu'on le dit, celles qui partagèrent le fameux lit métallique. Les bacchanales étaient plus alcoolisées que sexualisées.

J'aime, comme devait l'aimer Gauguin, cette ambiance ouatée, ces bruits annonçant le réveil d'un monde hors du temps, loin de la règle commune de l'Europe et de ses habitudes destructrices.

Gauguin était partagé entre ces deux mondes, et ne sut pas choisir. Il s'est retrouvé ici, paradoxalement, avec les mêmes contraintes que celles d'une vie citadine. Pourquoi tant d'argent dépensé chez Varney ? Nourriture européenne, alcool, morphine ? Rien n'a changé : si l'on veut retrouver les goûts de la civilisation, les produits importés sont toujours aussi chers, ils devaient l'être plus encore à l'époque. Pour avoir vécu avec les Marquisiens « à la marquisienne », je sais aujourd'hui que cette course à l'argent n'était pas nécessaire : tout pousse, se cueille, se pêche ou se chasse... Et tout vous est donné ! La générosité proverbiale des Marquisiens est plus que vraie, au point de ressentir un « trop-perçu », tant chez ces gens, tout est dans la démesure.

Malgré ses amitiés locales, Gauguin s'évertuait à vivre « à l'occidentale », alors qu'il ne supportait pas les colons. Ce dilemme entre les deux mondes fut une problématique insoluble pour lui, et il m'est vraiment difficile de le comprendre. Le mode de vie pour lequel il opta l'obligeait à courir encore après l'argent, alors même qu'ici plus peut-être que nulle part ailleurs, il pouvait se libérer de cette contrainte.

Voulait-il « asseoir » son métier ? Donner l'impression que sa peinture lui permettait de vivre comme un riche colon ? À défaut d'être reconnu, voulait-il le faire croire ?

La maladie n'est pas la seule raison de la si faible cadence de la production de Gauguin. Difficile en effet de percevoir ici le temps qui s'écoule, il n'existe pas vraiment aux Marquises. Demain sera comme hier, tout vous sera donné. L'artiste trouve toujours une raison pour interrompre son travail, voire ne pas le commencer. Dur de se poser devant un chevalet dans la douceur d'une matinée, dans la lourdeur d'un après-midi... Et puis, cette nuit qui tombe comme une pierre.

Ma première toile tendue, grand format, *Nave Nave*. Un mètre quarante de long, quatre-vingt-dix centimètres de haut, grosse toile brute en chanvre ocre.

Multiplication des personnages, sensation de « rajouts » après exécution. Je suis, dès les premiers instants, dans la peau d'un homme qui ne sait où est la part du vrai et celle du mensonge. Le dessin du tableau me fait découvrir le calque d'une série de personnages inventés par Puvis de Chavannes, annonciateur du *Qui sommes-nous ?* Chaque visage n'est qu'un bis repetita d'autres visages déjà travaillés. Je vais donc remplir doucement mes dessins, comme pour réaliser un coloriage d'enfant. Toutes ces têtes flottant dans une sorte de vide me font accélérer les gestes... Il me faut ensuite remplir jambes, mains, vêtements... les arbres et la végétation, œuvres mortes, une énorme masse de couleur, fermée par un trait épais, noir. Assez précis tout de même. J'ai posé mon éventail de pinceaux, ma main est tétanisée, les bras et avant-bras sont douloureux.

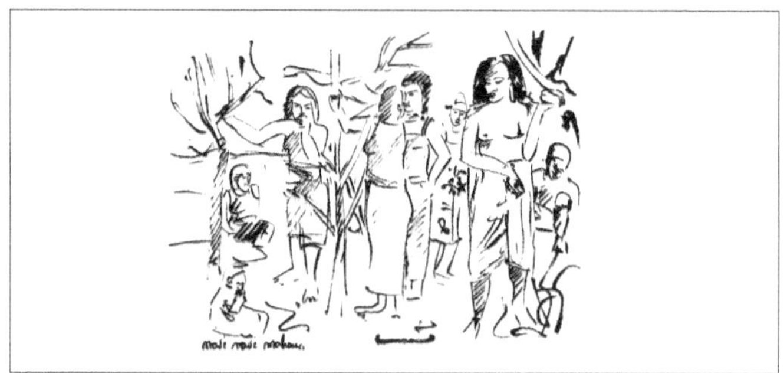

Un peu de recul, masse imposante. Le coup de génie chez Gauguin, c'est sa facilité à ne pas s'attarder sur le détail. L'ensemble est parfait. Je dois maintenant, comme lui, vivre les heures à venir tel un Marquisien.

Les toiles marquisiennes s'accumulent dans mon atelier, je suis prêt à faire le monumental *Qui sommes-nous ?*

Pour avoir réalisé trois fois cette toile gigantesque, je pense pouvoir, sans trop me tromper, en expliquer les problèmes de réalisation, son temps réel, sa difficulté. La première constatation est que Gauguin ne possède pas sur place de châssis lui permettant de tendre sa toile. Le bâti nécessaire sera monté avec des longueurs de haito, un bois très dur, qui pousse relativement droit.

Sur presque quatre mètres de long, cette toile va réagir aux coups de brosse comme une peau de tambour, gênant le geste. Aussi va-t-il falloir, très vite, abandonner la technique furieuse d'à-plats pour, dans presque la totalité des cas, travailler avec des pinceaux plus doux.

C'est la même facture que pour *Les Jeunes Filles aux fruits rouges*.

Lors de ma première réalisation, je commence par la droite de la toile… Très vite je constate mon erreur et je reviens au centre avec l'intention d'exécuter en premier le personnage principal, puis tous les autres visages. Je ne crois pas en l'hommage mystique ni à l'image de la mort représentée par le petit homme accroupi à gauche.

Toutes mes émotions retombent dans cette toile, je l'exécute comme un travail plus que comme une œuvre, l'effort pour cette réalisation n'est que physique, le dessin n'étant, encore une fois, que la reprise d'un ensemble d'œuvres déjà exécutées.

En mer

Par vénération pour Gauguin, avant de refaire ses toiles, j'ai navigué sur l'océan réel pour emplir ma mémoire d'impressions, d'odeurs, de sensations, d'émotions hautes en couleur, en plongeant mon regard dans l'immensité tantôt bleue, tantôt verte, toujours en mouvement, en scrutant le volume contrasté des lames aux reliefs tourmentés, en saisissant les reflets changeants d'ombres et de lumières sur le pont du bateau, sur les crêtes des vagues, en fixant l'horizon illimité...

De tout cela, je me suis imprégné, et lorsque je me retrouve dans son atelier, il m'est naturel de savoir refaire ses toiles : j'ai emmagasiné des expériences similaires... j'ai saisi les contrastes, la lumière. J'ai su pourquoi il avait choisi telle couleur... Comme un conteur s'entraîne à dire des histoires, pour transmettre une tradition orale, moi aussi, avant de refaire les toiles de l'artiste, j'ai répété l'histoire.

Après le long voyage en mer, ses bonheurs et ses peurs aussi, j'ai retrouvé, contraint par la chaleur, l'ombre fraîche. Puis instinctivement j'ai su trouver les gestes justes. Le regard aiguisé, les mains sûres, le bras souple, tout le corps et l'esprit en alerte... C'est un souffle, une inspiration de Gauguin qui me guident... Oui, toi, Gauguin... je t'appelle ! Je t'entends, je te parle, tu es infiniment proche de moi, presque en moi.

J'ai toujours l'impression de dialoguer avec toi. Car tu es homme de paroles autant qu'homme d'action. Moi aussi. Nous sommes aussi riches de gestes que de mots. On lit dans la Bible que « Le Verbe se fait chair ». Oui, la parole s'incorpore, elle habite l'être qui la reçoit. Il « prend » la parole pour établir une relation, un lien...

Gauguin, je te reçois sens pour sens !...

Gauguin, je te connais si bien que je me sens devenir une seule chair avec toi. Je dois faire abstraction de moi pour te laisser totalement devenir ma pensée, mon action.

Quand je te copie, je suis mobilisé, corps et âme... entièrement investi par ta peinture. Je suis à la fois fort et fragile, calme et fébrile, concentré et volubile... C'est par cet incessant jeu de va-et-vient simultané de la parole intérieure et du geste qui extériorise, que je suis à même de faire renaître une œuvre. Dans ce dialogue, s'établit entre toi et moi une relation réelle qui donne vie... car il faut être deux pour cela.

Sucré

Tandis que Gauguin rentre en France, désargenté, le marchand Durand-Ruel, endetté, lui, pour s'être par trop emballé avec les impressionnistes, part aux États-Unis. La chance lui sourit avec l'épouse du propriétaire de son appartement – un riche Américain magnat du sucre – qui craque devant les toiles : elle en achète quarante !

Cela fera le bonheur de Gauguin : il revient avec un stock de soixante toiles. Désormais, il est exposé.

L'histoire de l'art est souvent tributaire des accidents, du hasard. Cette anecdote montre combien, dans un parcours artistique, il peut être difficile d'avancer... car le renoncement est souvent au bout.

Parallèle

Dans mon désir d'être au plus près de l'artiste, j'ai découvert avec effarement comment leur mort pouvait contribuer à leur légende... Au point d'ajouter le tragique au drame pour vendre mieux.

Si le désir de souffrir m'entraîne vers Van Gogh, l'envie d'exotisme me fait revivre Gauguin. J'ai connu et vécu avec les descendants de Lebronner et de Frébault, j'ai entendu les rires et les histoires racontant sa vie à Hiva Oa, j'ai respiré l'air qui le faisait vivre... Mais je ne peux toujours pas expliquer cette déconcertante facilité à réaliser, en tout point conforme, l'œuvre d'un artiste tel que lui. Pourquoi mon parcours atypique ressemble-t-il de manière si étrange à celui d'un autre ?

Gauguin. De l'apprentissage de la vie et ses tumultes jusqu'à l'accomplissement de son génie par la peinture, c'est toute une société, de Napoléon III aux années 1900, avec des bouleversements politiques, économiques et artistiques sans précédent.

Si je parcours cette vie et la compare à la mienne, en confrontant les dates, les périodes, il ne m'est plus possible de douter : les similitudes confirment que mon chemin ne pouvait qu'être conforme à celui de Gauguin.

Je le crois au point que, par superstition, je vais quitter Hiva Oa avant la fatidique cinquante-troisième année qui vit sa mort sur cette même île...

Le doute me submergeait !

Tout faux !

Je m'attends, avec ce que j'écris et ce que je peins, à avoir à faire face aux mêmes réactions des critiques que celles qu'ils eurent devant l'œuvre de Gauguin à la galerie Durand-Ruel.

Toutes proportions gardées.

Mais comment un corps de métier tout entier, les « professionnels du regard », peut-il se tromper avec une telle constance, une pareille unanimité dans l'erreur ? Passer sans cesse à côté des demandes vraies du public ?

Comment peut-on continuer à être dans le faux sans se corriger ?

Je croyais que c'était moi, le « faussaire »...

Mon atelier se trouve à l'angle d'une grande place, près d'une école primaire. Outre le plaisir d'entendre la récréation, il n'est pas rare qu'une tête se glisse dans l'entrebâillement de ma porte... Puis une main d'enfant ose, avec douceur, pousser l'huis. Petite voix pleine d'envie :

– On peut regarder, Monsieur ?

– Bien sûr.

Et de s'engouffrer dans mon antre avec cette grâce qu'ont les enfants à se mouvoir dans l'univers. Ici où tous les objets, ou presque, sont à hauteur de leurs yeux. Je laisse faire, aucun interdit, ils sont les rois dans mon existence et ils le sentent sans qu'il soit besoin de me le dire.

Je continue mon travail, éventail de pinceaux dans la main gauche, énorme palette sur la droite du chevalet, table remplie de tubes et de brosses derrière moi... La scène ne ressemble à rien de ce qu'ils connaissent, ils la boivent avec émerveillement...

Après le round d'observation, les questions commencent à fuser. Nous sommes complices, amis, nous parlons la même langue.

– C'est ton métier ?

Question rituelle mais toujours la même surprise, le même étonnement ravi devant une si belle profession, improbable, magique.

Viennent ensuite les questions techniques : les matériaux, les couleurs, les toiles, tout doit être expliqué. Demain, je pourrai adresser aux rois de la pédagogie un petit opuscule intitulé *La peinture pour les petits (et les grands)* !

Quand le flot de questions commence à se tarir, je reprends ma toile avec la certitude d'avoir le silence admiratif d'un véritable public, déjà amoureux de l'art et qui pourtant n'en a aucune notion. Ou, devrais-je dire, n'est pas pollué ?

Comment ne pas être sensible aux mots d'enfants ? Leur soif n'est pas encore étanchée et leurs rêves fleurissent derrière chacun de mes gestes, ils plongent à leur tour dans ce monde qui est le mien, et vont, comme moi, trouver cette douce langueur inexplicable. Ils aiment, c'est tout. À regret, mes petits invités repartent vers leur classe... Je sais qu'ils se sont offert à jamais une page de rêve, je sais que tous voudront être peintre.

Cette marmaille encore intacte aura des rêves en réserves, pour mieux supporter la douleur si le malheur survient.

Parfois, il arrive qu'un « grand » entre à son tour. Toujours, la première question :

– Combien ?

Il me faut alors, patiemment, expliquer le rôle de l'artiste, du créateur. Il me faut raconter l'émotion, l'amour...

Si les artistes sont les pharmaciens de l'âme, il leur appartient d'être vigilants pour que les enfants puissent la conserver.

Je voudrais que ces jours durent toujours, qu'ils poussent à nouveau ma porte.

Demain, ils reviendront, demain, je peindrai encore pour eux : je suis comme eux.

Leçon

À propos d'enfants.

J'habite Bourg-lès-Valence où j'occupe au rez-de-chaussée un immense atelier ouvrant par un portail sur la rue, où les enfants du quartier jouent après l'école. Il ne m'est pas difficile d'être apprivoisé par ces petits bonshommes...

De cette petite cohue bigarrée, une tête blonde émerge : c'est un personnage, un caractère affirmé, petit mec déjà grand. Je suis en train de peindre *Les Jeunes Filles aux fruits rouges*, tableau de Gauguin exécuté pour la seconde fois dans mon atelier.

Ma tête blonde a déjà assisté à l'exécution de la première toile, et ce n'est pas une surprise de le voir arriver, tenant son plus jeune frère par la main. Nous sommes suffisamment amis pour n'avoir pas à formuler des politesses. Mes deux oiseaux prennent place sur les tabourets qui me servent de porte-palette. J'avance dans mon travail sous les regards des deux curieux... La toile s'achève, quelques pas en retrait. Satisfait de mon travail, je respire et pose la question :

– Alors ?

La réponse tombe comme un couperet :

– Non ! Ce n'est pas ça.

– Pourquoi ?

– Ben, ce n'est pas bien...

Pendant quelques minutes, j'essaie de comprendre les deux insatisfaits. Pas de réponse plus circonstanciée, seulement cette certitude dans le ton de la voix... Je reprends mes pinceaux, retouche légèrement le sourire, le drapé... Moue de mes deux « assistants » : ils ne sont toujours pas satisfaits. J'y vois même un peu de mépris, d'ironie.

C'est, avec le bras tendu, le doigt pointé vers un point de la toile que ma tête blonde m'explique d'une voix sûre :

– Elle ne brille pas, la boucle d'oreille. Elle n'est pas comme celle de l'autre jour.

L'animal a lâché sa phrase avec le ton du « Mon pauvre... »

C'est vrai, cette boucle d'oreille n'est pas celle de la toile : c'est un pauvre colifichet peu digne d'une perle marquisienne. Je reprends ma palette, et remets de la lumière sur le bijou moribond.

– Voilà... Là, c'est bien...

Mes deux bonshommes s'en vont sur ces mots, satisfaits de mon travail, satisfaits de me savoir capable de les écouter. Belle leçon pour un artiste : ne jamais oublier le regard des enfants.

Artiste

Je voudrais, sous mes coups de pinceaux comme sous les traits de cette plume, que l'on puisse sentir qu'un homme a posé sa vie pour rendre le rêve accessible.

Je ne veux pas trop me pencher sur le boulet de mon passé. Il m'arrive de le traîner, de le porter comme un fardeau ou une croix, mais le besoin de comprendre la rédemption est fort, presque permanent.

Mes amours de peintres ont-ils déjà payé ma dette ?

Et si cette réincarnation en moi-même, de mon vivant, était le sens de l'histoire ? Une route pavée il y a des siècles pour que je puisse la suivre et devenir celui que je dois être ?

Mon désir de faire aimer la peinture n'est-il pas, plus que mes talents de copiste, le plus beau des dons ?

En me retournant, je considère quelquefois cette incroyable accumulation de gestes... beaux. Ou, disons, de gestes justes pour engendrer la beauté.

Tout comme ceux que j'admire, et dont je me suis fait l'interprète, ne suis-je pas aujourd'hui à l'aube d'une vraie vie, devenir enfin à mes propres yeux, un artiste ?

Oubliés

De ceux dont je ne parle pas dans ce livre, je voudrais juste dire à leur mémoire qu'ils sont tout autant importants. Ils sont des milliers qu'aucun conservateur ou directeur de musée n'exposera jamais pour une raison simple : leur anonymat ne fera aucune entrée...

À croire que la peinture est une source de revenus et non un apport de culture !

Entrées, bénéfices, rentabilité, budget... Ne sont rentables que les dix ou quinze (allez, disons vingt) peintres présents dans la mémoire collective. Or ce n'est pas en n'exposant que ceux-là que l'on pourra allonger la liste... Quelques individus impriment ce qu'il faut savoir, gèrent ce qui doit faire partie de la culture, et le reste du monde ne peut « découvrir » que ce qui est connu.

Un cercle vicieux ?

Pour résoudre cela, briser ce cercle, le public devrait ne jamais renoncer à sa mission : aspirer à l'art en général, qu'il soit simple, original, élaboré, que sais-je ?... Je voudrais qu'il y ait beaucoup plus que quelques individus, favorisés par leur histoire, à éprouver l'aspiration à l'humanité qu'incarnent les artistes. Il faudrait que tous nous soyons plus perspicaces, plus avisés, mieux capables de reconnaître le génie et la beauté.

L'histoire a montré que les « faiseurs d'opinion » n'y avaient pas leur place, ou qu'elle y était dérisoire. Que le public investisse donc ce terrain en friche, assume son rôle, exprime ses amours ou ses colères... mais qu'il ne reste pas silencieux.

Allons voir les artistes, nous n'en sortirons que plus humains.

Demain

'il est des leçons à recevoir, s'il est de belles choses à voir, s'il est nécessaire de passer par ces sentiers couverts de ronces pour être ce que je suis, je l'accepte.

Mais aujourd'hui, je ne me tais plus. Je veux témoigner, « dire » la peinture, « dire » le beau. Pas forcément le dire « bellement », juste tenter d'imprégner chacun de cet amour.

Amour ? Oui, j'ai écrit « amour » de nombreuses fois dans ce livre.

Et « argent », le moins possible.

Je voudrais, au travers de ces lignes aussi importantes pour moi que mon œuvre de copiste, dire l'amour de l'art, l'amour pur, le faire partager au plus grand nombre, lui faire vivre, au moins en imagination, l'exaltation du travail de l'artiste.

Je voudrais aussi transmettre cette part d'inconnu qui m'anime, cette force mystérieuse qui me fait devenir l'autre. Que le spectateur comme le lecteur puisse, à travers moi, revivre les instants merveilleux de la création.

Je voudrais que de telles images fascinent, marquent l'imagination, transforment la vie. Au moins qu'elles l'embellissent.

Dès l'enfance.

Épilogue

vec ce « Alin par Alin », les pages colorées d'écriture livrent un homme peut-être trop... entier, c'est sûr. Comment expliquer ce parcours ? Comment dire aux miens et aux autres que chaque jour m'apporte tout ce qu'un artiste peut souhaiter ?

C'est sans morgue ni prétention que j'ai écrit ces lignes. Mais si demain, l'un de mes lecteurs s'arrête à la porte d'un atelier et dit au peintre :

« Vous avez là un beau métier, Monsieur », alors, j'aurais avancé d'un pas supplémentaire sur mon chemin. Cela ne m'absout en rien de mes fautes, il était écrit que je devais porter ma croix... Mais je le ferais avec plus de force, de volonté, de joie...

Pourquoi ces dons ? Pourquoi moi ? Je suis certain maintenant d'avoir été béni des dieux, ou de Dieu...

Ai-je, à mon échelle, un rôle à jouer pour améliorer le monde ?

Sans prétention, oui : j'ai une terrible envie d'aimer mon prochain. Comme mon ami Van Gogh, je voudrais lui donner le meilleur... Pour cela, j'ai repris mes pinceaux, j'ai balayé mes doutes sur l'utilité de la copie, je vais continuer mon chemin en essayant d'y mettre les plus belles histoires d'artistes, même si, parfois, elles ont la couleur pourpre du sang... Et il n'est pas bleu, même s'il n'y a pas plus belle noblesse que mes chers peintres.

Van Gogh est sur mon chevalet, *La Sieste* et ses lumières d'été, ses blés trop mûrs ou plus beaux qu'en réalité... J'ai senti monter la mutation, lentement : j'ai trop longtemps été absent de sa demeure pour être lui à nouveau. Je dois accomplir le chemin habituel, quitter doucement le Alin d'aujourd'hui pour prendre les habits de Vincent.

C'est comme cela que j'ai voulu faire pour écrire ces dernières lignes : laisser mon imagination poser des couleurs et des formes pour faire du Alin, afin de mieux me quitter pour devenir un autre.

Métier extraordinaire que celui d'artiste peintre.

Vagabond des rêves terriblement présent dans le réel.